大夏书系·全国幼儿教师培训用书

丛书主编／朱家雄 张亚军

家园沟通实用技巧

汪秋萍
陈　琪　／主编

华东师范大学出版社
全国百佳图书出版单位

图书在版编目（CIP）数据

家园沟通实用技巧/汪秋萍，陈琪主编. —上海：华东师范大学出版社，
2013.5
全国幼儿教师培训用书
ISBN 978 - 7 - 5675 - 0667 - 1

Ⅰ.①家… Ⅱ.①汪… ②陈… Ⅲ.①幼儿园—家长工作(教育) —教师
培训—教材 Ⅳ.①G616

中国版本图书馆 CIP 数据核字（2013）第 090744 号

大夏书系·全国幼儿教师培训用书

家园沟通实用技巧

主　　编	汪秋萍　陈　琪
策划编辑	李永梅
审读编辑	杨　坤
封面设计	奇文云海
责任印制	殷艳红

出版发行	华东师范大学出版社
社　　址	上海市中山北路 3663 号　邮编 200062
网　　址	www.ecnupress.com.cn
电　　话	021 - 60821666　　行政传真　021 - 62572105
客服电话	021 - 62865537
邮购电话	021 - 62869887　　地址　上海市中山北路 3663 号华东师范大学校内先锋路口
网　　店	http://hdsdcbs.tmall.com/

印 刷 者	北京季蜂印刷有限公司
开　　本	700×1000　16 开
印　　张	12.5
字　　数	170 千字
版　　次	2013 年 6 月第一版
印　　次	2024 年 8 月第二十四次
印　　数	69 001 - 71 000
书　　号	ISBN 978-7-5675-0667-1/G·6448
定　　价	39.80 元

出 版 人	朱杰人

（如发现本版图书有印订质量问题，请寄回本社市场部调换或电话021-62865537联系）

目 录
CONTENTS

第二辑　勤架桥梁

第三辑　乐为朋友

第四辑　善应问题

第五辑　巧化冲突

丛书总序

2010年底，《国务院关于当前发展学前教育的若干意见》（以下简称"国十条"）给学前教育的发展定了基调，或者说是重申了多年以来被忽略的学前教育的定性问题。"国十条"提出把学前教育摆在国计民生的重要位置，突出强调了它的教育属性和社会公益属性，明确指出，学前教育是国民教育体系的重要组成部分，是重要的社会公益事业。因此，我们有理由认为学前教育迎来了健康快速发展的历史机遇。当然，我们仍然清醒地意识到，学前教育的发展不可能一蹴而就，不应依赖短期的即时政策，而需要一以贯之的良好政策，需要对教育发展规律和教育常识的基本尊重。

学前教育的健康发展无外乎受到外部和内部因素的影响，前者指的是社会发展及政策背景，后者指的是相关从业人员的实践行为。从目前来看，外部因素制约的瓶颈，基本解决了，剩下的是学前教育工作者的实践努力。我们认为，重中之重和当务之急就是建设并维护一支高素质的幼儿园教师队伍。

"国十条"指出，"加快建设一支师德高尚、热爱儿童、业务精良、结构合理的幼儿教师队伍"，并提出了"完善学前教育师资培养培训体系"的具体举措。从2011年起，实施"幼儿教师国家级培训计划"；2012年初，颁发了《幼儿园教师专业标准（试行）》。这些举措实际上都是在重申和强调教育的一个基本常识：教师的专业化水平是决定教育质量的首要因素。

本套丛书正是在这样的背景下产生的，但这套书并不是应时应景之作，我们的目标是为幼儿园教师的专业成长提供持续的动力。虽然这套书是沐浴着学前教育的"春风"孕育而生的，但她将会焕发持久的生命力。

这套书延续了《给幼儿教师的建议》、《给幼儿园园长的建议》的风格，致力于解决一个核心问题，就是培训的有效性问题。这是一个最基本的常识问题，也是我们首先要直面的问题。无效则不如不做，低效也是劳民伤财。这套丛书或许不能系统地解决这个问题，但我们希望能为培训提供一个有效的载体，这是迈向有效之路的必备资源。如何解决这个问题，我们并没有灵丹妙药，靠的是常识，也就是突出主体性，即所谓的参与式培训。有效无效，受训者心知肚明，这是从结果而言的；想要做到有效，除了培训者和资源开发者的努力外，要充分发挥受训者的主体性。除此之外，别无他途。我们要做的，就是为这个有效之路提供载体。

为达成有效，我们在丛书的体系、内容、形式上做出努力，也就形成了本套丛书的三个特点。

在体系建构上力求系统明晰。这套书包括 6 册，力图涵盖幼儿园教师专业成长的所有方面。换言之，这是一套全员适用、全面促进幼儿园教师专业成长的读物。当然，这里的难点在于如何兼顾不同地域、不同专业成长期的不同教师，这个差异可能是巨大的。我们的原则是对应于符合资格准入标准的职初教师，直接的参考依据就是当时还未公布的《幼儿园教师专业标准（试行）》。实际上，这套书是对幼儿教师教育课程在实践层面的提升性重组。

在内容整理上力求精练实用。构建了全书的体系后，具体任务就落在了分册主编的肩上，因此，在分册主编人选上我们要求他既能高屋建瓴，又能通晓一线，并力求能在教改前沿和一线工作中融会贯通。对每分册的内容，关键是要提炼出核心的东西，并以一线工作为线索贯穿起来。尽力做到：讲理论要通俗，讲实践要实用。空话套话不讲，提炼核心要素。

在形式表现上力求可读、亲切。可读性不应成为出版物追求的重要目标，或者说这只是文字呈现的技术问题。但不知什么原因，没有可读性的出版物确实不少，这是我们首先要规避的。但我们肯定要更进一步，还要给读者亲切感，这个亲切不是文字的技巧，而是立足实际、置身现场、保持对话、情感共鸣。概而言之，需要我们用心来做。

从 2011 年初启动到现在，历时近两年，终于有了收获，这是值得欣慰的。《给幼儿教师的建议》出版后，我们曾说"这是一个很好的开端，并会沿着这样的足迹继续努力"，这套书算是兑现了我们的承诺。我们要感谢各分册主编艰辛的努力，致力于沟通前沿和一线的"壁垒"；我们要感谢"大夏书系"这个一流平台，致力于挖掘深藏一线的教育智慧；我们更要感谢读者，致力于专业成长和生命质量的提升。当然，我们也深知面对成千上万读者的智慧，我们的能量是有限的。恳请读者指正！

朱家雄

2012 年 10 月

丛书使用说明

一、丛书的内容及体系

本丛书目前共有6册，分别为《幼儿教师专业成长》、《家园沟通实用技巧》、《幼儿教师如何做研究》、《幼儿园环境设计与指导》、《幼儿成长及发展个案研究》、《幼儿园活动设计与经典案例》。

本套丛书的内容基本指向了幼儿园教师所需要的全部专业素养，形成了一个完整的培训研修体系。

二、丛书的特色

不同于学院式的教师教育，本丛书不求逻辑体系的严密完整，不求专业理论的系统演绎。本着"从一线中来，到一线中去"的宗旨，从工作中提升，结合工作经验学习，应用于工作中。丛书语言通俗，结合案例，可操作性强，引导反思。

倡导参与式培训，无需培训者过多地解读丛书，受训者不是长时间的静听者，而是主动的参与者。在研读丛书的基础上，参与讨论，参与展示，参与反思。

丛书虽不能涉及幼教工作的所有方面，但提供了一个专业成长的载体，在这个基础上，通过参与式培训扩充构建在丛书骨架基础上的更丰满的幼教生活。

三、丛书的目标人群

这套丛书主要是为幼儿园教师全员培训开发的，以幼儿园教师身份参加各类培训的受训学员是本套丛书的目标人群。具体可包括以下类型：

1. 学前教育新政策背景下的各级幼儿园教师全员培训（国培、省培、市培、县培）；

2. 各种类型的幼儿园教师专题培训、研讨会；

3. 非学前专业背景幼教师资的岗前培训；

4. 在职幼儿园教师园本培训及自我提升学习；

5. 幼师生拓展学习及新手幼儿园教师入门学习。

四、丛书使用建议

1. 丛书作为专业读物，要保证必要的研读时间。未必要在培训现场大量研读，但可以选择某篇重点研读，作为讨论的载体。篇末有延伸与讨论的建议，可据此展开同伴或小组讨论，使此主题得到更全面的理解和阐释。这是常规型的参与式学习。

2. 丛书中比篇更大的单位是辑，一辑一般有相对集中的指向。可利用课余或较长的培训时间研读某辑，围绕某辑的主题讨论。讨论的结果以适当的方式交流、报告。这是任务稍重、要求较高的参与式学习。

3. 参与式学习也是在做中学，所以受训者要完成相应的任务。可有以下方式：

（1）个人谈体会，结合工作实际谈经验；

（2）同伴或小组讨论，以小组为单位交流汇报；

（3）基于读物本身的延伸，如对某篇的批判性讨论，改写或重写某篇；

（4）同题撰写自己的篇目，展现同一主题的多样性；

（5）同题撰写某辑，小组或全员分工，按照某辑主题，编辑完成和读物相一致的篇目；

（6）观摩或实践：到幼儿园现场的参与式讨论、学习。

4. 参与式培训不是简单的受教，而是积极自主的学习，并要有实际的成效。至少可通过以下方式展现成果：所有参与式学习与讨论的书面（电子）学习档案，以读物为标杆的、向发表水准看齐的个人写作成果，参训学员学习成果的集成。

张亚军

2012 年 9 月

序

　　如果您是一位刚刚走上幼教岗位的年轻教师，当您打开这本书时，一篇篇经验之作一定会让您如饮甘霖、如获至宝；如果您是一位工作多年的老教师，当您打开这本书时，一段段文字一定会让您身临其境、感同身受，领略到其中的姹紫嫣红。本书紧紧围绕"家园共育"这一主题，展现一幅幅教师如何走进每个家庭、走进每位家长和孩子心田的温馨画面，仿佛在幼儿园和家庭之间架起了一座美丽的彩虹桥，一端是教师，一端是家长，缔结的是爱心，托起的是儿童。

　　家长，是一个特殊而庞大的群体，也是非常丰富的资源。《幼儿园教育指导纲要（试行）》中明确指出："幼儿园应与家庭、社区密切合作，与小学相互衔接，综合利用各种教育资源，共同为幼儿的发展创造良好的条件。"可见，幼儿园教师面对幼儿和家长两个群体，既要懂得幼儿的心理，因材施教，又要争取家长的支持，实现教师与家长之间的"育儿共同体"，共同促进孩子全面、健康发展。在实际工作中，如果家园工作缺失，各项工作都将难以推进，幼儿教育的水平和质量也将受到严重影响。

　　本着可读、实用的原则，为贴近读者的心灵，每篇均采用典型案例引路，用一个个生动的案例，剖析教育的真谛，体现教师与家长之间平等、尊重、朋友般的关系。全书共分为五辑，基本覆盖了家园工作的主要内容，既包含一些通识性的认知，也有一些常规性的工作，更有一些可行性的方法。第一辑"缔结纽带"，从幼儿园层面，主要介绍如何与家庭建立联系；第二辑"勤架桥梁"，从班级管理层面，主要介绍如何提高家园联系过程中的有效性；第三辑"乐为朋友"，从教师的层面，主要介绍如何怀着一份爱心、真心和诚心，在理解和尊重的基础上充分利用家长资源，共同为孩子的发展服务；第四辑"善应问题"，从提高家长的层面，主要介绍如何帮助家长解决自身与孩子在成长过程中出现的一些问题；第五辑"巧化冲突"，从矛盾发生的层面，主要介绍与家长的观念、做法发生碰撞时的应对措施与技巧。

本书的作者都是有着多年家长工作经验的老师，所提供的经验和做法具有很强的可操作性，既有理论依据，又有实践效果，通俗易懂，具有很高的借鉴价值。既可以直接借鉴，也可以发扬光大，有效地帮助教师更加了解身边的孩子，使教育方法更加贴近孩子，不断增强教育智慧，增强与家长的合力，做到家园共育，共同创造与幼儿生命特质相一致的教育，成就幼儿，成就家长，成就教师。

本书得益于各位作者的大力支持、配合及信任，特别是得到了一些合作幼儿园的大力支持，把撰写书稿与幼儿园教研工作结合起来，真正体现了本套丛书"从一线中来，到一线中去"的宗旨。感谢安徽省委机关幼儿园、安徽省政府机关幼儿园、中国科技大学附属幼儿园、合肥市栢景湾幼儿园、上海市浦东新区南门幼儿园、安徽师范大学附属幼儿园以及南京市北京东路小学附属幼儿园的园长和老师，他们的文章构成了本书的主体，也要感谢书中的其他作者。要特别感谢安徽省委机关幼儿园的裴章梅主任在最后统稿过程中给予的大力支持。

所有心系儿童发展的教师阅读它，品味它，因为家园之间有一段美丽的循环链，一环是教师，一环是家长，链接的是爱心，牵引的是儿童。

汪秋萍

2012 年 9 月

第一辑　缔结纽带

　　在幼儿成长的环境中，家庭和幼儿园是最重要、最直接的环境。幼儿园作为专业教育机构，教师作为幼教专业人员，在家园共育中承担主导作用。应该根据幼儿的年龄特点和发展需要，采取形式多样的活动，运用多种沟通方式，促使家长参与幼儿园活动，帮助家长树立正确的教育观念。只有家庭和幼儿园同心协力，才能促进每个幼儿在原有水平上的充分发展。

1. 家长会：集结家园共育的力量

> 1. 家园联系的途径有很多，不同的途径有各自的价值及侧重点，沟通内容包含幼儿园每日活动的各个环节。
> 2. 各年龄段孩子不同，家长的需求不同，家园联系的内容和重点自然也要有所侧重。

幼儿园的家园联系工作是一项重要的窗口工作，它既可以向家长展示我们优质的服务和高质量的保教水平，让家长增进对幼儿园的了解，也可以传递教育理念，鼓励家长参与幼儿园的教育教学工作，实现家园共育。

家园联系工作的落实者主要是班级的教师。具体方式有向家长发放家园联系册、定期召开家长会和举办家长讲座、在班级门口布置家长园地栏目、与家长日常交流沟通、定期家访等。

在小班、中班、大班这三个不同的阶段，根据幼儿年龄发展特点，家园联系的重点也各有不同。以下就以家长会为例，谈谈如何做好不同年龄阶段的家园联系工作。

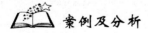 案例及分析

小三班的家长会

"良好的开端等于成功的一半。"小班开学之前，小三班的

老师为家长会做了精心准备。在家长会上，老师告诉家长如何相互配合，以缓解孩子的入园焦虑；该为孩子准备哪些生活用品和学习用品；入园后孩子的作息安排以及老师和保育员将怎样配合照顾好孩子等等，并让家长提出他们的疑问，老师给予耐心、细致的回答，消除了家长的担心和顾虑。开学后，家长们能够很好地配合老师做好各项工作，幼儿安全、顺利地度过了入园焦虑期。

中三班的家长会

开学后的第一周，中三班的老师组织了本学期的家长会。新学期刚刚开始，许多有价值的东西都有待于老师们一一呈现给家长。在家长会上，三位老师谈到了新学期的班级工作安排，例如座位的调整周期、一周教育活动安排表的展示时间、户外社会实践活动计划等。老师们还提出一些活动建议供家长们参考、评议，最终通过讨论形成合理化的学期班级工作计划。

到了中班，家长比较关注孩子在园活动时的注意力集中情况，以及参加活动时的主动参与情况。针对这两点，老师对中班孩子的注意力发展的特点进行了介绍，并播放了平时活动的录像，让家长看到自己孩子的日常表现。

在家长会上，老师们还介绍了班级新开辟的一些小栏目，例如，"我是能干的小宝宝"里张贴了孩子们在幼儿园自己穿衣服、整理柜子的照片；"想象力"栏目里展示了孩子们在幼儿园的创意手工、绘画等作品；"班级新鲜事"则以孩子的口吻将班上的一些重要工作反馈给家长。

大三班的家长会

进入大班，家长们纷纷要求幼儿园教认字、教算术，在大班的家长会上，老师和家长们讨论了"幼小衔接"的意义，并讨论如何相互配合做好"幼小衔接"的工作，邀请了班上的一位小学老师家长，就"家长如何帮助孩子顺利过渡到小学"进行了深入的讲解。通过这次家长会，家长们了解到"幼小衔接"是一个过程，它不仅是为了提前学习小学的内容，更重要的是让孩子在这一过程中做好各项准备，包括孩子的心理、生活和学习习惯等方面，以便为顺利进入小学、适应小学生活打下基础。

与此同时，在家长会上，老师们更侧重于孩子学习习惯、学习兴趣、专注力等方面的内容，并且通过与家长的交流，了解孩子在家的生活规律、学习习惯，及时发现问题，及时与家长沟通并做出调整。

小班幼儿年龄小，自理能力差，家长们常会担心他们离开亲人的照顾后吃不饱、穿不暖。所以，对于新生班来说，家长会重点侧重于保育。案例中的老师抓住了新入园幼儿家长工作的重点，通过详细、全面的介绍，让对幼儿园不甚了解的家长们充分感受到老师的细心，感受到孩子在幼儿园受到老师无微不至的照顾，从而逐渐信任教师、信任幼儿园，为下一步更好地开展家园共育工作打下基础。

中班幼儿自主性、独立性都有了很大提高，此时，幼儿在园的一日活动安排成了家长们最关注的事情。如何展示我们的日常教育教学工作，如何将每个孩子的进步呈现给家长，这就是本阶段的工作重点。从案例中家长与教师在家长会上共议本学期班务工作，我们可以发现，通过一年的沟通与相处，家长们对于幼儿园工作的参与程度也在提高，他们已经愿意热情关注并积极参与幼儿园工作。

大班孩子即将走进小学，在应试教育的大环境下，如何引导家长们走出"只有认字多、做算术题多，才是做好上小学的准备"这一误区，则成为这一阶段的家园工作重点。老师们在开展家长会时，通过邀请小学老师来进行面对面讲解，增强了说服力，转变了家长们的观念，并且老师和家长讨论共同培养孩子的学习、生活习惯，为孩子顺利过渡到小学做好充分的准备。

 **教育策略**

一、从赢得信任到展示能力

从案例中我们可以发现，随着幼儿年龄的增长、自理能力的增强，教师的家园联系重点逐步由保育工作过渡到日常教育教学工作。但不论是在哪个年龄阶段，赢得家长的信任和尊重是做好家长工作的前提。对于小班陌生的家长，我们首先要赢得他们的信任，让他们放心地把孩子交给我们，这就需要把自己对工作、对孩子的爱和关心明明白白地在家长面前呈现出来。可是仅仅让家长信任自己、喜欢自己、愿意把孩子放心地交给老师仍然是不够的，在家长眼里，老师应该具有全面的幼儿教育理论知识。所以随着孩子年龄的增长，在家园联系工作中，我们要逐步展示我们的能力，展示老师对孩子敏锐的观察力，让家长了解教师的教育教学水平，并感受到通过在幼儿园的生活，孩子的性格、生活习惯等方面有了明显的进步，创造性、知识、能力等方面也有很大的提高。这样才能真正赢得家长的信服与尊重。

二、把握不同年龄班家长的关注点

在幼儿的不同阶段和特定状态下，家长对孩子的关注必定会有所不同，相应地我们家园联系的重点也应该有所不同。教师要适时地调整家园联系的内容，以便使家长了解并配合工作。例如，小班教师向家长宣传如何缓解幼儿入园焦虑，并将幼儿在园表现及时与家长交流，引导家长了解幼儿园集体生活；中班教师可围绕幼儿的个性发展、独立自主能力、常规培养等方面开展家园联系；大班教师则在此基础上把家园联系的重点放在培养孩子的学习能力上。把握家长的教育需求，有的放矢地开展家长工作，可以让家长感受到幼儿在园所的成长，能进一步积极配合并参与班级工作。

一位能够把握好家园联系重点的老师，才能为家长提供切实的指导；一位会做好家长工作的老师，才能更好地搭建家园联系的桥梁！

1. 你思考过不同年龄班家长的不同需求吗？你对于不同年龄班的家长工作有什么好的建议？

2. 整理出你的家长会记录并分析各年龄班家长会的侧重点有何不同。应该如何改进？

（安徽省政府机关幼儿园　郭　凡）

2. 家长委员会：缔结家园共育的纽带

阅读指引

1. 家委会是代表全体家长的组织，是幼儿园的好帮手。
2. 相信家委会成员在协调家园关系中所能发挥的积极作用。
3. 用制度来保障家委会成员参与幼儿园的各项民主管理工作。

　　家长委员会就是家长以合作者的身份，直接参与幼儿园的教育和管理，它是家园共育的一种形式，是联系家庭与幼儿园的纽带。家长委员会对增进家庭和幼儿园间的信息传递，整合家庭和幼儿园的教育资源，形成教育合力起到了巨大的促进作用，有力地推动了家园共育的进程。在家园共育的众多形式中，家长委员会具有独特的优势。

 **案例及分析**

育苗幼儿园家长委员会活动记录

　　时间：2010 年 9 月 16 日上午

　　地点：育苗幼儿园会议室

　　参加人员：各班推荐家长委员会成员 1 人，共计 20 人；幼儿园领导班子成员 6 人；班级老师代表 12 人（无缺席）

　　家长签到：（见签到表）

　　主持：王园长

内容：

一、园长发表讲话：致欢迎辞，总结幼儿园前一届家长委员会工作的成绩；说明新一届家长委员会成立的意义。

二、业务园长宣读育苗幼儿园家长委员会章程。

三、家长委员会成员相互自我介绍。

四、颁发家委会成员证书。

五、园长通报本学期幼儿园园务工作计划。

六、家长讨论：幼儿园工作重点和幼儿园现状。

七、家长发言：

（马天辰的家长）非常荣幸我能被我孩子所在班级的家长、老师推选为家长委员会成员，听了园长的计划，我感到自己今后教育孩子的时候有了帮手。确实，现在大都是一个孩子，我们在教育孩子的问题上没有什么经验。如今幼儿园每月都有周密的教育计划，让我们家长有了明确的培养目标。特别是开展的各项家园活动，让我们家长有更多的机会走进幼儿园，了解孩子在幼儿园的生活。刚才听了园长宣读的家长委员会章程，我觉得我的责任重大，在以后的家园配合工作中，我会努力做好我的工作，不辜负大家的期望。另外，提一点建议，能否让我们经常进入班级，观摩班级活动。

……

八、园长总结发言：园长提出近期家长委员会工作要求，根据幼儿园园务计划制订家长委员会活动计划；组织分工安排；安排下次活动时间。

九、家长和自己孩子相应年龄班的老师一起交流，制订本学年家长委员会工作计划，并进行家长委员会人员组织工作分工安排。

十、会议效果：此次活动为本学年新一届家委会第一次集中会议，家长参与积极性高，表现出对幼儿园工作的支持和高度关注，特别是对家庭教育中出现的问题，希望能有专家指导。幼儿园通过家长委员会成员收集相关家庭教育的问题，进行梳理，将以家长园地、家教咨询会、家长学校等形式给家长解答有关问题。另外，本次活动完成了家委会工作计划的制订及组织分工，使家长明确了自己的任务，使活动高效、有序。

从"育苗幼儿园家长委员会会议记录"可以看出，这是育苗幼儿园召开的新一届家长委员会首次会议，会议首先宣读家委会的工作章程，使家长明确参与家委会的职责；其次，通过对上一届家长委员会工作的总结，激励新一届学生家长参与家长委员会工作的积极性，同时也体现了幼儿园对家长委员会工作实施的重视程度；会议帮助家长了解了幼儿园园务工作的内容，使家长对参与幼儿园管理有了一定的方向；通过家长间的交流，家长与园长、老师的交流，家长与老师共同制订工作计划，真正使家长参与幼儿园的管理。幼儿园安排的会议内容具体，目的明确，便于家长参与实施，避免了家长委员会工作流于形式。

另外，从家长参与会议的积极性中我们可以看出，当家长参加了幼儿园家长委员会之后，也就意味着家长从站在幼儿园大门之外的"教育看客"，变成了幼儿园教育的"当事人"，他们从角色转换中感受到自己对幼教事业所担负的责任。这次活动将给这届家长委员会带来良好的开端。

教育策略

家长委员会是由全体幼儿家长的代表组成的一个群众性质的团体组织，它代表全体幼儿、幼儿家长和幼儿园的利益，是体现民主管理的一种形式。那么，如何成立家长委员会组织，发挥家长委员会的纽带作用，推动幼儿园的发展呢？

一、建立组织是缔结家园纽带的前提

一是建立家委会组织。幼儿园作为组织者，首先拟定好幼儿园家长委员会章程，内容包括宗旨、组织形式、义务、权利、制度等。其次推荐选举家长委员会成员，成立机构。一般情况下，家长委员会成员是由幼儿园各班老师和家长推荐的一至两名热心支持幼教事业的家长代表组

成的，也可毛遂自荐；由园长任主任，选一位家长任副主任，代表任期一年，到期后可改选或连任；幼儿园给家长委员会成员发聘书。

二是成员分工协作。家长委员会一般设宣教组、后勤组、文体组等，并细致分工。例如，"宣教组"负责幼儿园的宣传、教育工作，向家长、社会宣传幼儿园的办园宗旨及幼儿园的建设、管理、保教工作情况，组织家教经验交流活动，向家长宣传科学育儿的知识。"后勤组"负责了解幼儿园生活管理情况，幼儿膳食情况，幼儿园财务制度的完善执行情况以及幼儿园的环境、设备、教具情况，并有针对性地做一些具体事情，如提供教育资源、协助维修幼儿园电脑、联系家长委员会的代表等。"文体组"负责开展各种丰富多彩的文体活动，丰富幼儿、家长、教职工的生活，与园方组织配合部分家长参与幼儿园的运动会、游戏、娱乐或文艺演出活动。

三是开展工作。家长委员会在园长的指导下工作，定期召开全委会，在会议中主要讨论幼儿园在各个阶段应开展的各项教育活动，以及家长委员会在这些活动中应承担的任务。

有了这一系列的前期准备活动，家园的纽带已初步缔结。

二、发挥家长委员会的作用，促进家园共育

1. 发挥家委会的教育管理作用，促进幼儿园整体水平的提高

家长进入家长委员会后，就承担着参与管理的职责。家长委员会成员通过对幼儿园园务信息的了解、参与幼儿园活动、和园长对话、参与幼儿园一些事务管理的讨论与决策，在心理上对幼儿园管理产生认同感，感觉自己是幼儿园中的一员，从内心认可幼儿园，从而自觉承担起相应的责任和义务。幼儿园有了更多的家长参与、管理和支持，其整体水平会有很大的提高。

2. 发挥家委会的疏通协调作用，使家长成为幼儿园合作伙伴

家长委员会由家长代表组成，可以说是家长的代言人，任何家长对幼儿园有什么要求、疑问、意见和建议都可以向家长委员会反映，再由家长委员会把这些信息及时、真实、全面地反馈给幼儿园，同时督促幼儿园在一定时限内回复，提高了家园信息交流的效率。家园双方借助家

长委员会进行双向的沟通交流，既可以消除家长的误解，同时也可以改进教师、幼儿园工作，使得他们成为密切合作的伙伴。

3. 发挥家委会的协助支持作用，共享家庭的优质教育资源

与家园之间的沟通相比，家长之间的交流更容易为家长所接受，家长委员会能够更深入地了解每个家庭、每个家长的具体情况，发现他们共同感兴趣的话题，并能挖掘家长中潜在的保教资源。在家委会的协助下，可以将这些优质保教资源拿来为幼儿园教育所用，使幼儿园获得更多的教育途径，从而有效地提高幼儿园的保教质量。

我们相信，只要幼儿园能重视家长委员会这项工作，健全家长委员会的组织机构，制订周密的工作计划并认真实施，家长委员会将发挥其特有的功效，为幼儿园的管理工作提供强大的后盾。

延伸与讨论

结合你们幼儿园家长委员会的工作情况，谈谈如何发挥家长委员会的作用？有哪些方面需要改进？请结合实例来说明。

（安徽省委机关幼儿园　裴章梅）

3. 家长参与：增强家园的合力

> 1. 一定要让家长知道你组织活动的用意，只要对孩子的教育有利，他们就一定会支持。
>
> 2. 了解家长信息，善于发现家长的教育资源，为幼儿园教育所用。
>
> 3. 让家长体验幼儿园活动的乐趣，激励他们主动参与幼儿园的活动。

"孩子在幼儿园每天学习了些什么"是家长们最关心的话题。有些家长因为工作忙，和老师交流不多，对幼儿园的教育教学工作了解甚少，因此在与幼儿园的合作上常会产生被动和误解。老师应主动沟通，找准契机，适时与家长建立合作关系，让他们成为幼儿园教育的合作伙伴。

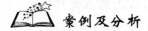 案例及分析

交警爸爸走进课堂

天天的爸爸是一名交警，平时工作繁忙，对孩子在幼儿园的学习、生活情况没有直接了解的机会，大多时间是由妈妈来接送孩子，和老师的交流较少。

有一次班级开展"金色的秋天"主题活动，老师让家长和孩子用秋天的水果共同制作一个手工作品带入幼儿园，没想到

第二天下午天天的爸爸找到老师毫不客气地发了一通火：他认为自己和爱人平时工作压力已经很大了，没想到老师还布置工作给他们，如果让家长做这做那的，还要老师干什么！还没等老师向他解释，他便转身离去。

老师很快意识到，可能是因为家长对该活动的用意不理解而产生了抵触情绪，于是主动联系了天天妈妈，向天天妈妈做了解释。通过天天妈妈老师了解到，天天爸爸回家后非常后悔，觉得自己太冲动，尤其是听取了亲戚朋友的劝告后觉得当天的举动不够理智，虽然对老师有歉意，但由于抹不开面子，所以一直不好意思来幼儿园。在了解了这个情况后，老师感觉到机会来了，立即决定由天天妈妈定个时间和天天爸爸好好谈一谈，希望消除天天爸爸心中的顾虑，让他了解老师工作的用意，并能逐渐配合幼儿园共同教育孩子。在和天天爸爸的交流中，老师了解到，其实在此期间他曾悄悄到班级看过其他小朋友带来的水果作品，当时心里很不好受，觉得对不起孩子，也让老师为难了……于是老师趁热打铁，向天天爸爸发出邀请，希望他能发挥自己的特长，当一次幼儿园的老师，给小朋友上一次"交通安全知识"课，让班里的小朋友们了解一些交通安全知识，同时也让他近距离地了解天天在幼儿园的情况，没想到天天爸爸爽快地答应了。

活动当天，天天爸爸十分认真，将带来的交通安全知识图片详细地向小朋友们作了介绍，还教小朋友们认识交通指挥手势。孩子们学得十分开心，尤其是轮到小朋友提问时，他们积极踊跃地提出了各种各样的问题："叔叔站在马路上指挥累不累？""对讲机有什么用处？""爸爸喝酒后为什么怕叔叔？"……天天爸爸耐心地给孩子们做了讲解，虽然他忙得满头大汗，但可以看得出他很开心。

经过这次亲身体验，天天爸爸对幼儿园的工作有了初步了解，他深有感触地对老师说："以往我总觉得孩子在幼儿园只是吃吃玩玩，觉得一个小孩能学到什么，一切学习都应该是从小学开始的。今天我明白了很多，其实你们的教育是很广泛的，孩子在幼儿园能边玩边学，很有意思，今后我要多和你们保持联系，一定配合你们的工作。"

在接下来的活动中，天天爸爸还为班级提供了信号灯、交通类的图片等很多专业性的教具，使后期的延伸活动开展得丰富而生动。

上述案例讲述了天天爸爸由开始对幼儿园工作的不理解、抵触，到后来对幼儿园工作的理解、支持、协助的过程，我们不难看出，天天爸爸的真正转变是在走进幼儿园课堂后。为什么要让天天爸爸走进课堂，这是老师的用心所在。

一、说明用意，让家长了解幼儿园工作

案例中，天天爸爸刚开始表现出对班级工作的配合度较低。由于家长对幼儿园工作认识不够，加之自身工作繁忙，对老师要求配合的事往往容易产生畏难和抵触情绪，这就需要老师主动向家长说明活动的用意和目的，只要有利于孩子的发展，一定会得到家长的支持。案例中，天天爸爸偷偷去幼儿园观看其他孩子的作品，可见他是愿意为孩子付出劳动的。

二、抓住契机，让家长走进课堂

案例中，老师主动与天天爸爸交流，实现天天爸爸思想的转变，并能及时抓住这个契机，引导家长走进课堂，很好地搭建了家庭与班级之间的桥梁。也正是这一桥梁的搭建，让家长走进幼儿园，更直观地了解幼儿园教育教学活动，体验幼儿园生活。

三、尊重、理解，获得家长支持

从案例中不难发现，家园沟通中之所以会出现问题，往往是因为双方不够了解，有的是家长不了解班级工作，也有的是教师不了解家长的需求。如果我们能像案例中的老师那样，了解家长所思所想，积极寻求

解决家园矛盾的方案，做到互相尊重，那么很多问题便会迎刃而解。

 **教育策略**

获得家长协助的方法很多，但我认为让家长"走进课堂"是一个最直接、最有效的方法，值得一线教师尝试。

一、观摩教育活动，了解老师

让家长走进课堂观摩教育教学活动，是家长了解幼儿园教育工作最直观、最直接的手段。"孩子在幼儿园里学习什么？""老师每天都教些什么？""老师是怎样教的？""老师关注我的孩子吗？"……对于这些疑问，家长走进课堂后一看便知。通过现场观看，家长可以了解教师的教育理念、教育方法、工作态度和教学风格，便于配合我们的教育工作，并对我们的教育工作提出可操作性的建议。

二、观察幼儿活动，了解孩子

让家长走进课堂，是家长了解孩子的最好时机。由于家长平时在家只能看到孩子的个体发展，孩子在群体中是什么样的表现，家长无从得知。孩子在幼儿园里是怎么和小朋友相处的、学习习惯是什么样的、生活能否自理等，也是家长最关心的。走进课堂，家长便可以观察到孩子最真实的能力表现，并能比较出自己的孩子在群体中的真实水平，发现孩子的优势和问题，以便对孩子进行个别教育，在以后的家园合作中更好地实施共育。

三、走进活动现场，了解幼儿园

家长走进课堂，可以直接了解幼儿园一日活动的内容、流程，知道幼儿园一日活动的常规要求，以便在家中注重对孩子生活常规习惯的培养；通过观看班级的环境创设，让家长知道幼儿园班级环境创设在孩子学习、生活中所发挥的作用，激发家长参与到班级的环境创设中，如让家长与孩子一起收集图片、资料等，为班级活动的开展做一些物质上和知识上的准备；通过观看幼儿园组织的各类活动，了解活动中孩子所获得的经验，让家长对幼儿园组织的活动自觉自愿地支持。

四、参与幼儿园活动，实现资源共享

充分利用家长资源，请家长走进课堂，让家长参与到我们的教育教学中，是一种很有效的家园共育途径。教师可以了解班级家长的信息，根据本班教育教学目标确立教育内容，向家长发出邀请，和家长一起制订"走进课堂"的教学计划，做好活动准备，协助家长完成活动的实施工作。在这个过程中，教师也会得到很多启示和收获。

延伸与讨论

> 面对家长对你工作的不支持，你是怎么做的？你组织过"家长走进课堂"的活动吗？你是怎样充分利用家长的教育资源的？

（安徽省合肥市栢景湾幼儿园　李罕婧）

4. 家长资源：挖掘教育的宝藏

阅读指引

> 1. 尽量给所有家长参与幼儿园活动的机会，让家长感受到自己的教育价值。
>
> 2. 要获取家长可靠的信息，根据家长的不同特点统筹安排，尽其所能。
>
> 3. 要尊重家长的劳动，不能随意安排家长做力不能及的事情。

自从孩子们第一天走进幼儿园，家长们即成为幼儿园最重要的合作伙伴，也是幼儿园最直接、最贴近、最便捷、最值得信赖的教育资源。幼儿园应本着"尊重、平等、合作"的原则，充分利用一切可利用的家长资源，最大限度地激发家长的积极性、主动性，使家长们在思想上认识到参与教育是一份应尽的责任，在行动上真正体验到自身的投入是一种共享的收获和快乐。

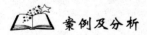 **案例及分析**

给力的"六一"庆祝活动

又是一年"六一"到，幼儿园策划了一场大型"亲子同乐会"，并以大幅海报宣传的形式向家长们发出了倡议：一是告知"六一"活动的主题创意；二是号召家长们参与，并"视为礼物"送给孩子们节日的快乐。

活动策划组对整体构思及流程、会场布景、节目主持及摄影摄像等工作展开了周密部署，各班老师也开始了"亲子操"创编、道具选配以及组织亲子排练等方面的积极准备。很快，家长们在各班的"筹备会"上清晰地了解到活动创意、"亲子操"、团队式"亲子游戏"的安排和具体排练时间，更有细心的教师将操节动作视频上传至班级QQ空间，引导家长们在家中和孩子们共同练习。

接下来的一周半时间内，各班有序地投入到温馨、热闹和积极的排练中。其间，"泡泡班"的家长志愿者买来了亲子操道具"游泳圈"，"嘟嘟班"的家长志愿者在网上订购了妈妈们的统一服装，"圈圈班"的家长为老师带来了耳麦，方便老师们轻松地组织排练等等。

"'六一'亲子同乐会"如期盛大召开，这是一场家园合作的盛会，也是一场家园同乐的盛会，更是一场家长给力的庆祝活动。活动得到了家长的多方援助：电台播音员爸爸担任活动"嘉宾主持人"；为了烘托现场的气氛，广告设计专业的父母为我们的活动设计制作了大型"主题背景幕布"。此外，电教老师妈妈为活动全程摄像；体育老师爸爸提供了隔离桩和隔离带；广告公司的父母为老师们提供了统一的文化衫，在老师们的手绘中凸显了活动的主题。

上述案例中，幼儿园将大型"六一"活动设计为亲子同乐，并将活动宣传、排练等各环节告知家长以争取家长的支持，不失为一次非常成功的亲子活动。

一、周密计划是争取家长资源的前提

系统、周密、科学、具体的活动计划既是活动指南，又能保证活动顺利进行。案例中，幼儿园对"六一"庆祝活动有着缜密的策划与构思，活动从宣传动员、召集沟通、排练互动到正式表演，一直持续、有序地进行。家长们从无懈可击的活动计划和细致安排中，感受到全园上下的凝聚力和无限动力，因此激发了参与活动的责任心、爱心以及主动合作的热情，自然倾情投入，并竭力发挥自身优势，为班级、幼儿园热心服务。

二、深度互动是保证家长资源参与的关键

幼儿园和家庭密切合作，即以幼儿发展为目的，为幼儿教育贡献自身资源。案例中，幼儿园为了让幼儿度过一个特殊的、难忘的"六一"，于是向家长们发出宣传和倡议，让每一位家长体会参与的价值以及给幼儿带来的最大愉悦。在不断的沟通和排练中，家长们真切感受到老师们真挚的热情、辛苦的付出以及强烈的责任感和集体荣誉感，自然为之感动，理解、支持并积极响应。因此，老师们要将日常工作做实、做细、做巧，以真情唤热情，以主动促互动，才能进一步增进彼此间的信任与共鸣，赢得家长们持续、长久的支持和合作，切实保证更多的家长资源参与幼儿园教育。

三、丰厚的家长资源是家园合作成功的有力保障

在幼儿园里，无论是教育教学、小型班级活动开展，还是大型庆祝活动的组织，教师是发起者也是组织者，是参与者也是支持者，是主角也是配角。只有激发了家长们强烈的主人翁合作意识，才能充分挖掘出幼儿园教育所需要的多方资源，利用家长在职业或行业上的资源和优势，服务于活动并取得成功。案例中，幼儿园尽力争取家长在文化、技术、人力、物力等多方面的大力援助和支持，确保了"六一"活动的成功举办。

📖 教育策略

一、营造友好、和谐的氛围，取得家长的信任和支持

首先，教师们尽自己最大的努力照顾好每一个孩子，多一份爱心、耐心和责任心，只要孩子们喜欢幼儿园、喜欢教师，家长们一定能感受到教师的诚心与用心、教师对孩子的关爱与对工作的高度责任心，这样

他们自然会支持教师各方面的工作，并全力配合。幼儿园和家庭友好、和谐的良好氛围建立在双方相互信任、相互扶持的良性发展的基础之上。

二、开拓多元的家长参与活动，让家长们真实地感受到自身的作用

通过家长会、家长开放日、节日活动、亲子活动、主题活动、志愿者活动、沙龙座谈、网络论坛等多元化的家园联谊形式，搭建家园互动和交流的平台，满足家长们了解教育、参与教育的需要，促进家长们对幼儿园教育的理解、支持和配合，让家长们真切地感受到班集体的凝聚力，这样他们的参与程度和积极性会越来越高，他们会真心地说："幼儿园老师，您辛苦了！"

邀请家长成为家园活动的主角，让他们献计献策、代理经费管理和活动筹备、爱心助教、分享经验、收集主题活动所需资料和物品等等，他们在自我资源不断付出的过程中，感受到自身行为对幼儿发展、对班级建设、对教师工作的价值和积极作用，体验着家园合作的快乐，他们会经常说："幼儿园最近有什么需要我帮助的？"

进一步拓宽家长工作思路，并在每次活动前做好规划，让家长明确活动目的、要求及具体需要家长支持的地方。要想充分发挥家长的资源优势和创新智慧，调动他们参与幼儿园教育的主动性，必须让他们在思想、心理和行动上做好充分的准备，有的放矢地参与教育的全过程。

三、建立家长资源库，有的放矢地挖掘更多的资源加以利用

设计"家长资源情况调查表"，对家长的职业、爱好、特长以及能为班级提供哪些服务做些调查，了解家长资源的特点和优势，以便于班级教师考虑如何使活动与家长"专业对口"。幼儿园倡导统整各方资源，对资源进行分类、分层，使资源优化、科学利用并实现资源共享。

在深入了解家长实际情况后，让不同情况、不同能力的家长适时适度地参与到各类活动中。如对专业知识型（高学历、从事技术性工作的爸爸妈妈）、生活能力型（全职家庭主妇或奶奶）、性格魅力型（极富热

情、活力、运动能力的爸爸或爷爷）的家长有针对性地选择；吸纳有时间、有能力、有兴趣的家长参与幼儿园管理、教学工作，联系和筹备班级社区活动；对于观念新、素质好、教子有方的家长可以约稿、交流教育心得；可以让擅长手工、手巧的女性家长参与材料制作、环境布置和才艺展示。

● 寻找模范家长，以点带面。对于一些热衷于幼儿园活动、态度积极、热心参与、提供大力支持的家长，要让他们充分发挥作用，并让他们的作用辐射到其他家长；对于那些乐于参与但缺乏方法的家长应给予支持，努力为他们创设条件，进行具体指导；而对那些热情度不高的家长更不能忽视，应真诚邀请，适当请他们帮一些忙，有意识地与他们多一些交流。

● 展示家长资源的成果。家长提供的每一份支持和参与，都真切表达了家长支持教育的一份心意。对于那些热心付出、给予帮助、提供意见的家长，切记在"家园墙"公告中、家长会上、网站上，甚至在家长的群发短信中表示肯定，让家长的参与看得见，让提供资源、做出贡献的家长感觉到自己的价值所在，同时也提醒其他家长要积极参与到班级活动中来。

延伸与讨论

　　结合实践谈谈家长资源的利用在幼儿园或班级工作中的重要意义。你认为怎样才能有效、充分地挖掘并利用家长资源为幼儿园教育服务？

（中国科技大学附属幼儿园　王咏梅）

5. 家长学校：传播科学家教的窗口

阅读指引

　　1. 要善于利用家长学校的形式向家长宣传、推广正确的教育理念。

　　2. 家长学校的开展要制度化，既要根据计划定期开展，也要根据家长的需求灵活调整。

　　3. 家长学校要避免单一的讲座形式，能让家长参与互动，调动积极性。

　　幼儿家庭教育是幼儿教育的重要组成部分，举办家长学校是促进家庭教育健康发展的重要途径。通过这种形式，可以系统地向幼儿家长普及科学的家教知识，传播行之有效的家教方法，不断提高家庭教育的质量和水平。可以说，家长学校是向家长宣传科学家教的窗口。

案例及分析

幼儿园家长学校活动方案实录
——好父亲胜过好老师

一、方案由来

　　在幼儿园组织的家园共育活动中，我们发现来参加活动的大多是妈妈，爸爸很少参与，有的爸爸甚至拒绝参与幼儿园组织的活动，导致一些亲子活动不能顺利开展。目前在许多家庭中，妈妈承担着教养孩子的主要角色，在家庭教育中常常出现"阴盛阳衰"的现象，爸爸在教育孩子的过程中似乎成了可有可无的角色。

美国耶鲁大学科学家的一项研究表明：由爸爸带大的孩子智商更高，他们在学校里的成绩往往更好，将来走向社会也更容易成功。通过对孩子的观察我们也发现，爸爸妈妈共同承担家庭教育的孩子，他们的性格更加活泼开朗，自信勇敢。由此可见，父亲对孩子的成长有着很大的影响。为了让幼儿家庭特别是父亲能重视对孩子的教育，幼儿园特举办本次家长学校活动。

二、教学地点：幼儿园多功能厅

三、教学时间：2010 年 12 月 25 日下午 3：00—5：30

四、活动名称：好父亲胜过好老师

五、活动目标

1. 帮助家长明确父亲在家庭教育中的作用。

2. 了解父亲教育孩子的方法。

3. 学习父亲和孩子相处的游戏。

六、活动准备

1. 多媒体投影、课件。

2. 向幼儿的父亲发放家长学校邀请函。

3. 著名父教专家、心理专家东子先生为家长朋友举办"父教新概念"讲座。

七、活动过程

1. 家长入场签到。

2. 家长欣赏课件（老师收集的幼儿园活动中爸爸和孩子一起活动的图片）。

3. 主持人开场白。

4. 主持人介绍讲座嘉宾。

5. 讲座：好爸爸胜过好老师

6. 开展问卷调查，帮助家长明确父亲在家庭教育中的作用。

（1）提问：您认为父亲在教育孩子过程中起什么作用？（家长与专家互动，将家长的回答列出展示）

（2）向家长介绍父亲教育的特点和作用。

7. 专家向家长们介绍父亲教育孩子的方法。

8. 父亲和孩子一起玩亲子游戏，共同体验其中的快乐。

9. 结束活动。

八、信息反馈

本次活动家长参与度达到 100%，父亲参与度达 98.2%，家长互动的积极性很高，向专家提出了很多父亲教育的困惑，如孩子不喜欢爸爸怎么办？爸爸如何弥补和孩子交流的不足？孩子为什么怕爸爸？可以看出，家长已经认识到父亲教育在家教中的缺失，关注父亲教育的方法以及对科学家教的需求。在亲子指导活动中，爸爸们非常投入，主动跟老师学习游戏的方法，放下平日里严肃的态度，俨然像个大顽童，和孩子一起游戏。可以看出，爸爸们真正体验到了亲子间的快乐！

该幼儿园通过举办多次家园活动发现，父亲在家庭教育中参与度不高，特举办了这次专题活动。可以看出，此次活动的举办具有很强的针对性、目的性。

一、形式活泼，使家长学校的活动具有吸引力

活动采用了问卷调查、讲座、专家互动、操作活动等多种形式。首先，通过问卷调查让家长明确家长学校的目的，便于专家选择家长感兴趣的话题；讲座中穿插互动环节，让家长有表述的机会，提出急需了解的问题；将讲座与实际操作相结合，使指导活动更直接、更生动、易操作，家长也更乐于参与。

二、专家支招，使家长学校的内容具有指导性

东子先生是著名父教专家、心理专家，他是一位具有影响力的成功的家庭教育者。幼儿园邀请东子先生举办讲座其有一定的权威性，在父亲教育方面更具有说服力和指导性。他通过自己的家教实例，帮助家长认识到父亲教育对孩子人生的影响，和家长分享家教的经验，让家长从中受益。

📖 *教育策略*

一、收集家庭教育中的问题，有目的地举办家长学校活动

家长学校活动是根据家庭教育中存在的问题和困惑，有目的地开展活动。因此，幼儿园教师要主动与班上的家长交流，多了解孩子的家庭教育背景，注重收集家长在家庭教育中产生的困惑和需求，及时发现家长在家庭教育中出现的问题，并对收集的资料进行分析、梳理，为幼儿园家长学校活动的举办提供第一手资料。

幼儿园根据收集的资料，找出共性的问题作为举办家长学校活动的主题，有目的地帮助家长分析问题症结，寻找解决问题的办法，如家长普遍关心的同伴交往问题、智力开发问题、幼小衔接问题等。幼儿园可以邀请学前心理、教育方面的专家，还可以邀请有经验的小学老师来参与家长学校，切实解答家长们的困惑。

二、注重活动形式的多样性，吸引家长主动参与教学活动

单一的讲授活动不能提高家长参与的积极性，因此在活动的形式上应注意生动活泼，如开展专题讲座、研讨互动、主题座谈、问卷调查、参观、实际操作活动指导等。家长学校可以采用讲座和答疑相结合的形式，还可以通过剖析幼儿成长中的实际案例、分析幼儿作品等形式进行讲解和介绍，吸引家长积极参与到家长学校的活动中来。

三、明确家长学校的任务，发挥家长学校的指导引领作用

家长学校的举办不能盲目跟风，它是向家长宣传科学家教的窗口，其主要任务是指导家长科学地开展家庭教育，努力做到超前引导，提高家长的教育素养。

一是向家长宣传党和国家的教育方针、政策和法规，贯彻《幼儿园教育指导纲要》精神，帮助家长树立正确的家庭教育思想和观念。如在教育主管部门颁布了《关于规范办园和防止纠正小学化倾向》的文件后，可以及时开展家长学校活动，请专家对这些文件进行解读，帮助家长树立

以人为本、着眼未来、为幼儿近期和终身发展奠定良好基础的教育理念。

二是传授、交流家庭教育的科学知识和方法，组织家长总结家庭教育经验，探索家庭教育规律和教育艺术，推广家庭教育的优秀成果，实现资源共享。幼儿园家长学校的主讲人除了专家、学者，还可以邀请有经验的家长，这对帮助家长提高自身素质、提高家庭的教养水平、优化家庭教育环境都是非常有效的。

四、注重规范办学，确保家长学校的活动顺利开展

幼儿园家长学校的组织机构应是规范的，做到目标明确、组织健全、制度完善、计划落实。家长学校一般是由幼儿园主要领导担任校长，家长委员会成员参与管理，由3—5人组成工作小组，幼儿园给予专项经费的支持，确保家长学习活动的开展。每学期的家长学校工作应纳入幼儿园园务工作计划之中，作为家园工作中不可缺失的一部分。授课的老师必须具有一定的专业水平和演讲能力，具有一定的权威性，让家长对其产生认同。

每学期举办活动不少于一次，每次活动都要有充分的准备，开课的目的、内容、时间、邀请的专家、组织形式都要事先策划。为了激发家长参与的积极性，幼儿园可在活动前进行宣传，对于积极参与活动的家长应给予激励，如评选"优秀家长"、"优秀班级"等，激励家长参与到家长学校的活动中来。

延伸与讨论

反思与评估你们幼儿园家长学校活动的内容是否受家长欢迎，是否需要改进。如果由你来组织家长学校活动，你会如何实施？

（安徽省委机关幼儿园　裴章梅）

6. 成长档案：记录生长的足迹

1. 幼儿成长档案虽小，却真实反映幼儿在幼儿园三年的成长轨迹。

2. 精心设计、持之以恒是做好幼儿成长档案工作的保证。

3. 成长档案的容量要适中，既要全面反映幼儿的成长历程，又要精选成长中最有代表性的、最有价值的内容。

所谓"幼儿成长档案"就是幼儿成长情况的记录。它是通过有目的且持续地收集能反映幼儿的兴趣、态度及特定领域中的努力、进步与成就的幼儿作品，并由幼儿、同伴、教师和家长共同进行评价的相关材料，来记录每个幼儿成长的一个个生动故事及点滴变化，以便教师与家长分享和评价孩子的发展历程。

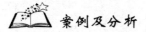 案例及分析

宝贝成长档案

制作和建立幼儿成长档案需花费很多的时间和精力。为了减轻教师们的负担，下面呈现一个各年龄段幼儿成长档案的样本模式，以供大家参考和借鉴。

一、封面

合适的插图，中间六个大字"幼儿成长档案"，下方是园名、幼儿姓名、性别及所在班级。

二、基本情况

页面1：乳名、生日、生肖、血型；入园时间，离园时间；家庭住址和联系电话。

页面2：全家福——我爱我家

页面3：我的老师（照片或姓名）和"老师赠言"。

三、目录（占一页）

四、家园活动情况（或者进步足迹、各种成果）

（一）小班的我（照片）身高、体重

页面1：第一张画（可以是幼儿的作品，也可以是作品的照片）最感兴趣的事（页面右下方有"※请家长帮忙记录"提示）

页面2：我和动物的故事（请家长记下孩子与动物之间的故事）

页面3~6：快乐的幼儿园生活（幼儿在园一日生活中参加各种活动的照片，如吃饭、午睡、室内外游戏等，页面右下方有"※请老师帮忙记录"提示）

页面7：我的好朋友或我最喜欢的人、我最爱吃的东西

页面8：宝宝的话、老师的话、爸爸妈妈的话

（二）中班的我（照片）身高、体重

页面1：我学自理（※请家长帮忙记录）

页面2：七彩画笔（作品及获奖证书的照片等）

页面3~6：丰富的活动、能干的我（唱、跳、弹、诵、玩、游大自然等照片及文字）（※请家长帮忙记录）

页面7：我的话、老师的话、爸爸妈妈的话、小伙伴的话

（三）大班的我（照片）身高、体重

页面1~2：我爱……（一组穿着各种民族服饰表演的照片或参加各种活动的照片及文字注解）

页面3~4：妙语连珠（我眼中的世界）（※请家长和老师共同为孩子记录）

页面5~6：赛场英姿

页面7~8：走进大社会（逛街、去书店、商场购物、参观小学等照片）

页面9：关心他人（做值日、互助、献爱心等活动的照片）

页面10：我会动脑（智能活动）；我会创编（语言、音乐活动等）

页面11：难忘的事

页面12：亲密的伙伴；我和老师

页面13：多彩的梦（我的理想）

页面14：毕业典礼上的我（※请家长记录孩子的毕业感受）

页面15：老师的话、爸爸妈妈的话

五、封底

让每一个孩子都拥有一个美好的童年。

以上案例中的幼儿成长档案包括了幼儿小、中、大三个年龄段的成长发展，内容非常具体。如何考虑幼儿成长档案的设计与记录呢？

一、档案记录重在体现幼儿的全面发展

由上述案例可以看出，为每个幼儿建立一份成长档案就是要确立"以幼儿发展为本"的教育理念，将目光转向幼儿个体，从身体、动作、认识、情感、社会能力等多个领域收集资料，全面反映幼儿的发展情况，突出其自觉性和能动性，注重其潜能开发和个性化教育，为每一个孩子的健康成长提供支撑。

二、档案记录体现年龄特点

对于刚进入幼儿园这个大集体中的小班幼儿，我们侧重于展示他们在园的生活习惯和自理能力的学习及养成，鼓励家长配合施教。到了中班，教师可以与家长一起，引导幼儿亲近小动物，走进大自然，提高他们的自理能力，并增强他们与人交往沟通的能力。大班时期，培养幼儿的亲社会能力及学习各种知识技能的能力，就显得格外重要，同时，帮助他们在心理、生活和学习习惯等方面顺利完成幼小衔接的任务也是必要的。

三、档案记录形式的多样化

可以说，一切与幼儿发展有关的信息都可以成为档案收集的内容。它可以是幼儿的作品，主要是美工作品和口述记录，其中口述记录呈现的是幼儿的想法、兴趣、情感和创编的语言作品等；可以是文字记录，包括与幼儿谈话的记录（如幼儿对一本书、一个游戏、一种活动的感想

或评论等）及教师、家长的观察记录（主要是对孩子轶事趣闻的捕捉和记录，以及在预定目标上的发展情况记录）；也可以是影像资料，如孩子参加演出或春游等活动的照片、录音录像以及获奖证书等材料；还可以是各种测查的结果，如体检情况、幼儿在家情况的调查表等。

《幼儿成长档案》可采用活动页面组装的文本形式，例如，在制作完成后，按照时间进行排序和装订，便于对其外在形式和内在内容的思考与调整。在文字记录的基础上，老师和家长还可以根据实际情况及需要，将其转化为电子记录，以便携带和更加长久地保存。

 **教育策略**

一、帮助家长树立正确的教育观念，增强其配合施教的意识

《幼儿成长档案》是对幼儿从家庭到幼儿园全天候的观察与记录，只有家庭和幼儿园协调一致、持续地做下去，才能全面、真实、有效地反映幼儿个体的发展情况。因此，这项工作少不了家长的参与和配合。

沟通与合作虽说是家园双方的事情，但是，幼儿园应该更主动地为配合教育创造条件。我们的老师在自己做好《幼儿成长档案》的同时，还应该指导家长做好这项工作。要让家长明白，以全面、客观、发展的原则记录孩子的成长经历，其目的不仅仅是为孩子留下美好的童年记忆，更重要的是在此过程中，能够不断了解孩子，及时发现孩子身上存在的长处和不足，以便家园双方共同商讨施教方案，进而开展有针对性的教育和引导，更好地促进孩子富有个性地成长。教师还可以组织"家长教家长"活动，让能力强、水平高的家长把自己制作《幼儿成长档案》的体会和经验传授给大家，让更多的家长从他们具体、生动的做法中获得灵感和启迪，从而积极投身到为孩子制作成长档案的工作中去。

二、制订可行计划，坚持不懈地去做

创建《幼儿成长档案》是一项长期、全面而又细致的工作，所以，事先要有一个完备的计划，如《幼儿成长档案》总体框架的确立，具体材料的收集与选择、整合与呈现，与家庭交流和反馈的时间以及页码的分配等等。事无巨细，都要列入统筹计划之中。有了计划之后，就要坚

持不懈地去做。切忌光说不做，或者做了前面忘了后面，甚至半途而废。

　　无论是在幼儿园还是在家里，孩子身上都会发生许多有趣和有意义的事情，这需要我们留心发现、关注记录、分析反思。不论是幼儿活动的照片，还是幼儿创意的作品，一般都要配上教师或家长撰写的时间、地点、背景、幼儿的想法，以及教师或家长的评价和意见等。同时，教师和家长还要把每个孩子该时期的兴趣、习惯、能力和表现等记录下来，放入档案之中，以便家园双方在交流时可以清楚地了解孩子当前的发展状况，以及应该配合教育的注意事项。只有这样，《幼儿成长档案》才能真实有效地关注和促进幼儿的发展，起到它应有的教育作用。

三、多元化地评价幼儿，促使其富有个性地发展

　　以往，对幼儿的评价多来自教师；如今，更倡导运用多元主体评价的方式。不仅有教师的评价，还有幼儿的自评，同伴之间的互评，以及家长的参评等等，从而使评价更加客观、公正和全面。

　　同时，评价的方法也实现了多元化，不再是仅用终结性评价来给孩子贴标签，也不再是用简单的甲乙丙丁或ABCD来甄别幼儿，给他们划等级、定好坏。而是关注幼儿个体差异，对不同的孩子采用不同的评价方法，如随时记录，即时评价；特长展示，延时评价；期末进行综合评价等等。这样才能促进教师和家长更多地关注幼儿的学习过程与他们的情感、兴趣、意志和态度等方面，才便于教师和家长真正地走进孩子的世界；也惟有这样，才能促进幼儿富有个性地成长。

延伸与讨论

　　你填写过《幼儿成长档案》吗？在填写过程中有过困惑吗？你觉得建立《幼儿成长档案》有意义吗？如何建立会更加科学有效？

（安徽省政府机关幼儿园　刘　氢　王　燕）

第二辑　勤架桥梁

　　幼儿教师的专业性不仅体现在掌握一定的幼儿教育学、心理学方面的知识，能组织好幼儿的一日生活，还应掌握与家长沟通的技巧，有更多组织和开展家园共育工作的知识、方法。有效的活动、真诚的帮助、平等的交流、热点问题的探讨、疑惑的解除，都会让家长体会到参与的价值，真心与幼儿园合作，达到事半功倍的效果。

1. 班级家长会：让家长参与其中

阅读指引

　　1. 家长会不是教师一个人的舞台，也要让家长参与其中。

　　2. 教师准备家长会不仅要准备内容，更要准备组织家长的方式方法。

　　3. 一次成功的家长会，要让家长有所获、有所悟、有所行。

　　家长会是幼儿园家长工作中非常重要的内容，从规模上划分，可分为全园性和班级性两种，其中以班级家长会为主。以往很多家长会的共性问题大多集中在"教师一言堂，家长没事干"、"气氛很热烈，没有聚焦点"、"内容很丰富，效果不给力"，出现这些问题的核心在于家长会的信息流通不畅。那么，要开展一次成功的班级家长会，应特别关注哪些方面呢?

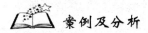 案例及分析

怎样培养幼儿良好的倾听习惯

　　A教师搜集了很多培养幼儿倾听习惯的好方法，在家长会上卖力地逐条介绍，家长们却越听越没耐心，很多家长不时玩起手机或是交头接耳。A教师很困惑，为什么自己的认真准备换来的却是家长的不耐烦?

　　同样的主题，B教师是这样组织的：她先播放了两段视频，分别是关于两个人从幼儿园、小学直到成人阶段生活场景

的简单剪辑，看完后让家长讨论为什么刚开始同样起点的孩子到后来会有那么大的差距。当家长们结合视频通过讨论得出根源在于两个人在倾听习惯上有着较大差异时都唏嘘不已。此种导入方式直观生动，同时让家长在参与讨论中自己发现问题，其注意力完全被吸引过来，进而自然形成疑问：为什么倾听习惯会对孩子的发展产生如此大的影响？接下来 B 教师沿着这样的思路阐述了倾听习惯的培养对于幼儿生活、学习、游戏、运动等方面的影响，进而延续到对孩子终身发展的影响。在家长们完全认同了倾听习惯培养的重要性后，接下来的问题自然过渡到"如何培养良好的倾听习惯"，这时 B 教师没有急于把答案直接"扔给"家长，而是鼓励家长们先交流自己在这方面的心得与困惑（其中有几位是教师事先预约好的、在这方面比较有经验的家长），在讨论结束后教师很自然地将事先准备的方法作为对于讨论结果的小结与补充呈现出来，并提示了一些注意事项。会后，家长们还热烈地讨论这个问题，都表示要好好试试这些方法。

细细琢磨 A、B 两位教师开展的这两次家长会，从中能"品"出造成效果迥异的主要原因，对于如何成功地开展家长会，我们能得到一些启发。

在上面的案例中，虽然 A 教师会前非常认真地搜集了许多培养倾听习惯的好方法，并在家长会上卖力地逐条介绍，但换来的却是家长们的"不买账"。B 教师成功的关键在于她不仅备好了"菜"，还研究过如何"烹饪和呈现"这盘菜，让"食客"更主动地去消化和吸收。

A、B 两位教师的做法犹如厨师做菜，有的厨师只注重食材的营养，而忽略了色、香、味的重要性，做的菜再有营养也可能让人感觉索然无味，这就是 A 教师的失败之处。她虽然精心准备了内容，却没找到让幼儿家长感兴趣的呈现方式，自然无法让家长满意。而 B 教师却抓住了家长的心理特点，先从"色、香、味"上吸引家长，让他们"品尝"、"品味"，效果自然就不同了。

B教师成功的第二个关键点在于其巧妙地"藏"在暗处，隐身为导演或配角，用家长感兴趣的方式使家长始终处于积极主动的状态，让他们成为了名副其实的主角。在整个过程中家长与家长之间有互动交流，教师只需在适当的时候及时做一些必要的补充和提升。

 **教育策略**

一、会前准备关键在于"备"家长

1. 信息收集

家长会前信息的收集可以有两种形式：口头沟通和会前问卷。一般在拟定好家长会主题后，将家长会的有关情况提前一至两周告知家长，在这段时间里，可以先和部分家长沟通，了解他们的想法，调整计划，家长也从教师那里获得信息，接受建议，做一些准备工作等。会前问卷旨在征求家长意见，了解参会家长的年龄、性别、需求、兴趣点等各方面的信息，同时也能从侧面了解家长的教育观念和教育方法，根据从问卷中获取的信息调整家长会的内容和形式。

2. 材料准备

家长会的材料包括会议所需文本、照片、音乐、视频、幼儿作品等各种资料。需要注意的是要避免呈现易引起家长误解的内容，最好让每位家长都能从中了解到自己孩子在幼儿园的生活、学习情况。

3. 环境布置

环境布置涉及会场环境的舒适度、潜在心理氛围的营造等。由于家长们并不是整齐划一地准时进入会议场地，教师可以在家长会之前准备一些报纸杂志、幼教文章、幼儿在园的影像资料、优美乐曲、幼儿园宣传片、纸杯茶水等等，给家长营造一个宽松、舒适的会场环境。

二、会议组织的关键在于将家长引上"舞台"

1. 做好"热身活动"

家长之间不属于非常熟悉的群体（尤其对于小班的家长来说），所以在会议之初，大家会有一定程度的拘束。此外，家长们在繁忙的工作之余也会带着一些疲惫或者其他负面情绪进入会议，如果这种氛围没有被打破，势必会影响信息的流通。因此，教师需要通过各种方式消除拘束。一方面是关于会场的环境创设。需要注重会议场所的隐私性、舒适性；家长和教师可以围桌而坐；要保持良好的通风，保证室温不太热也不太冷；在会议开始之前播放一些舒缓轻柔的音乐。另一方面还可以巧用载体，拉近家长间的距离。可以呈现幼儿在园生活的照片、视频或美工作品等；引导家长参观教室里的区角、墙面环境布置。这些与孩子息息相关的载体会自然地拉近家长们的距离，有了共同话题，大家也就不再拘谨。

2. 变"自己所讲"为"家长所想"

热身结束、消除了紧张拘谨的气氛之后，教师需要一步一步地将家长引上"舞台"，使其逐渐成为会议的"主角"。一般来说，幼儿园家长会主要是向家长介绍或与家长讨论幼儿年龄特点、幼儿园课程、幼儿一日生活、家园合作等与幼儿紧密相连的各种问题。总之，从传播学的角度看，其目的都是希望借家长会达成信息的有效传递与沟通。简而言之，就是让信息的流动从单向变成多向，并且真正为参与主体所吸收，进而结合个人经验做出回馈，引发新的碰撞。教师在此过程中主要起到搭建对话平台、引发疑问、共同寻找答案以及补充、提升的作用，和家长成为一起完成探求之旅的伙伴。

3. 会无定法，重在体验

从以上案例中也可以看出，班级家长会的组织可以突破过去单一的"教师一言堂"的框架，实现多元化的组织形式，"体验式家长会"可以作为一种尝试的思路。例如：举办一些类似于家长沙龙式的活动，选定一个主题，参加对象是有共同困惑的家长，大家交流处理某个问题的方式、经验，最后请专家或老师点评、总结，找到科学、合理、多样的解决方法；也可以让家长临时充当自己的孩子，身临其境地体验一下真实的幼儿教育模式，切身感受孩子们在幼儿园里是如何学习和游戏的；还可以设计一些有趣的小游戏，既能活跃气氛，又能为家长会的内容服务。

家长会是一座桥梁，是良好的教育契机。我们不仅要让家长"参加"会议，更要使其真正"参与"其中，通过精心准备以及契合本班家长特点的组织形式巧妙地将教师的思路转化为家长主动思考的轨迹，使家长有所获、有所悟、有所行，达到在情绪上感动、思想上触动、措施上启动，让家长高兴而来，满意而归。这样才能使家长成为教师的伙伴，才能家园协力，共同促进孩子成长。

延伸与讨论

1. 对案例中介绍的两个家长会，你的看法是什么？有类似的境遇吗？

2. 你在组织家长会时还遇到过什么问题？是什么原因造成的呢？又是如何解决的？

（上海市浦东新区南门幼儿园 邓青青）

2. 家访工作：用爱打开家门

阅读指引

> 1. 家访和串门不同，它需要的是真诚的态度、明确的目的、认真的准备，要讲究方法和艺术。
>
> 2. 钥匙就在你的心中，可以用爱打开孩子的家门，用真诚打开家园共育的大门。
>
> 3. 晓之以理，动之以情是你和家长交流的良策。

　　家访工作是教师与家长、教师与孩子之间交流的有效桥梁，它既可以让家长了解教师的工作，知晓孩子在幼儿园的表现，更好地配合教师，共同做好孩子的教育工作；也可以让教师了解孩子在家的情况，以便在日常工作中因材施教，有的放矢。一次成功的家访，可以让孩子喜欢你，让家长信任你，让教育教学工作事半功倍。每个孩子的具体情况不同，所实施的家访时间、目的、内容和重点也是不同的。

 案例及分析

一次家访

　　家访事由：灵灵是小班新入园的孩子，在开学初老师通过和接送她的外婆交流得知：灵灵的父母工作很忙，是外婆一手将孩子带大的，对孩子照顾得比较细致。灵灵入园后情绪还不错，但到了吃饭和午睡的时候，她会一直缠着老师，让老师喂

饭、只陪她一个人入睡，否则就会大哭大闹。入园一个月后，灵灵的情绪才有所稳定。最近因外婆老家有事，每天接送灵灵的就换成了奶奶，灵灵经常会毫无预兆地发脾气或者大哭，班主任王老师和奶奶进行了交流，奶奶表现得很无助。王老师几次与灵灵妈妈电话联系，但灵灵妈妈都说正在忙没有时间。针对这些情况，王老师决定进行一次家访。

家访准备：王老师和配班老师一起梳理了灵灵入园以来的一些表现，准备了一些灵灵在幼儿园里的活动照片、手指画，还给灵灵做了一张爱心卡，上面贴着灵灵在幼儿园活动的照片，并打电话和家长进行了预约。

家访活动：周末的晚上，两位老师来到灵灵家，向灵灵送上了小贺卡，给爸爸妈妈看了灵灵在幼儿园做的手指画和照片，灵灵开心极了，拽着老师参观了她的小卧室、玩具柜，她的爸爸妈妈和奶奶也被感染了，一下子和老师变得亲近起来。待安定好孩子后，老师和家长进行了交流，王老师先把最近灵灵在园的情况很详细地向家长汇报，之后真诚地说："我们不是说灵灵哪里表现不好，是因为孩子最近情绪不稳定，我们想帮助孩子。"奶奶说："孩子一直是外婆带的，我对孩子的脾气和习惯把握不准，我很心疼孩子，她一闹我就什么都依着，结果她总是哭，我也不知道怎么办好。想告诉儿子和媳妇，又怕他们说我带不好孩子……""原本每次老师跟我们说灵灵吃饭、睡觉不太好，我们总觉得老师照顾灵灵是怕麻烦，所以就一直不愿意和你们沟通。"灵灵妈妈不好意思地说，"最近奶奶接送她，虽然她早上去幼儿园爱哭，可是下午接回来还是很高兴的。可能是因为我们下班回家很晚还继续让她玩，所以晚上睡得很迟，早上她起不来，就不情愿上幼儿园了。"老师说："知道灵灵情绪不好没有其他原因，我们也就放心了。要改变灵灵吃饭和睡觉的习惯可能还需要很长时间，我们在幼儿园也会鼓励她慢慢学会自己吃饭和睡觉。"爸爸妈妈听了连连说："我们会慢慢帮她改善的！"老师临走时还邀请了灵灵的爸爸妈妈，除了半日开放活动以外，哪天中午有时间可以去幼儿园看灵灵。

家访效果：家访几天后的一天中午，灵灵的父母一起到幼儿园，为了不影响孩子，他们一直站在班级门外，透过窗子看到灵灵的吃饭、午睡情况……当天晚上，灵灵妈妈第一次向老师发了感谢短信，并且就如何在家让灵灵自己吃饭、睡觉向老师请教好的方法。

为了帮助灵灵，老师采取了家访的形式，目的是为了进行近距离的交流，了解灵灵情绪变化的原因，寻找解决问题的办法。教师的做法及时、积极，值得肯定。每一次家访都要有一定的主题或问题，这样的家访目的明确，有意义、有实效。

一、细心准备，营造良好的家访氛围

案例中的王老师是个工作细致有序的老师，为了避免家访时家长和孩子产生戒备心理，老师做好积极的准备。不仅让家长感觉到老师对自己孩子的关注，而且让忙碌的爸爸妈妈直观地了解到孩子的在园生活，从而拉近了家园关系，使家长对老师产生信任和感激。特别是给孩子送去的小礼物，虽然不是什么高价精品，却是老师对孩子的一份真挚的爱意，这让家长感受到老师的真诚和爱心。王老师的举动使家访工作成功了一大半！

二、真诚反馈，赢得家长的信任和支持

与家长交流时，王老师非常详细地把灵灵这段时间在园的表现反馈给家长，真诚地希望可以帮助灵灵拥有良好的入园情绪。老师对灵灵的细致关注，让妈妈消除了原先的顾虑，尤其是当家长亲眼目睹老师对灵灵的照顾时，知道了老师们是发自内心地关注自己的孩子。最重要的是，家长意识到灵灵不单单是在幼儿园，而且在家里都需要养成一个良好的吃饭、睡觉习惯的重要性，于是主动向老师请教好方法，自然而然地，由对老师不放心转变为信任老师。

教育策略

　　家访工作既是教师教育工作的延伸，又是家庭教育的补充，而教师既是家访工作的发起者、组织者，又是参与者。因此，如何做好家访工作对教师来说是一项极具艺术性的工作。

一、有目的、有准备地开展家访工作

　　任何活动的组织开展都有其目的性，家访也一样。家访的目的主要有以下几点：一是了解孩子在家的情况以及其家庭教育的特点，以便在幼儿园教育中因材施教；二是向家长反馈孩子在幼儿园的情况，帮助家长了解孩子在幼儿园的生活，宣传幼儿园和教师的教育理念；三是针对孩子出现的问题，和家长共同协商教育方法，取得一致的教育方法；四是孩子的身体或家庭出现问题时，给孩子和家长以抚慰；五是加强家园间的沟通与联系，形成良好的家园关系等。

　　每次家访前，教师要认真细致地考虑：此次家访要达到什么目的？如何达到这个目的？带着目的去家访，会取得事半功倍的家园合作效果。因此，老师在进行家访时一定是有目的的、有准备的，选择好主题和话题，设计好交谈的方法，梳理好孩子在园时的各种表现、兴趣爱好、习惯等，以便家访时能信手拈来，提高家访的实效。还可以适当做些物质准备，如孩子在园完成的小作品，孩子活动时的照片和影像，孩子喜欢的小玩具等等，让家长感受到老师的细致和爱心。

　　另外，家访要提前预约，最好选择家长和孩子都在家的时间，这样既可以和孩子交流，建立感情，同时也让家长了解到你和孩子间的融洽关系，从而对老师产生好感。家访时间不宜过长，以免耽误家长的工作或休息。

二、有技巧、有感情地进行家园沟通

　　成功的家访首先是能让家长接纳你、信任你，因此和家长说话的方法就显得非常重要。家访时要注意斟酌语言，措词要有分寸，千万不可因失言而导致失礼。

交谈时选择恰当的话题入手，可从孩子的优点入手，夸奖孩子，让家长产生自豪感；可从孩子在园发生的小趣事入手，让家长产生愉悦感；也可欣赏孩子的小作品，让家长产生欣慰感。

主题的介入要自然。当说到孩子的不足时，要避免孩子在场，以鼓励为主，真诚地向家长表达你的关注点，做到"扬长避短"，既艺术又客观地进行反馈。如"您的孩子最近表现很好，比如……如果能坚持就更棒啦！"客观地分析孩子的问题，诚恳地向家长提出合理的家教方法，做到晓之以理，动之以情，让家长信服你，请家长和你合作，这才是你家访的目的。

谈话时教师的态度要亲切、平等，使双方在和睦的气氛中充分认识问题、解决问题；耐心听取家长的意见，与他们达成共识。

另外，谈话时要避免引起家庭矛盾的产生，不探听孩子的家庭隐私，不介入家庭的矛盾，本着为孩子健康成长的宗旨，力求和谐、有效的家访。

三、有责任、有方法地宣传科学保教

日常家访中教师有责任做好家庭教育的宣传者。教师在与家长交谈时，内容应注意少专业化多生活化，少抽象化多具体化。例如：家访中教师可以言传身教，或者带孩子做亲子小游戏，或者利用家中废旧物品进行艺术小制作、小创想；鼓励家长让孩子参与力所能及的家务劳动；鼓励家长观察孩子成长的点滴，记录孩子发展的过程，直接指导家长制作幼儿成长档案袋等。

另外，家访中教师要善于做家庭教育的解惑者。发挥教师自身专业的优势，指导家长借助网络和书籍了解家庭教育的新信息；强调家长的言传身教，帮助家长正确运用表扬与批评、奖励与惩罚，将科学保教的理念传递给家长。

四、有跟踪、有反复地完善访后工作

事物总是不断变化的，对孩子的教育是个长期的过程，这就决定了家访也是一项长期的工作。为了提高家访的效率，家访后我们还可以借助于现代通讯手段做好后续工作，如利用电话、短信、便条、QQ、电子邮件等和家长保持联系，及时关注孩子的变化，反馈幼儿园的信息，真正建立长效的家园联系，实现教育成效的最大化。

　　家访时可以向家长发放调查问卷，有利于了解每个家长的需求和关注点，更有利于以后与每个家长的个别交流。教师持之以恒地关爱孩子是最能感化父母的，一定能取得家长的大力配合。

延伸与讨论

　　1. 你每学期开展多少次家访工作？一般为家访做哪些准备工作？

　　2. 家访时你和家长交谈，家长的态度一般是怎样的？你采取了哪些有效的方法与家长沟通？

（安徽省合肥市栢景湾幼儿园　李晓红）

3. 小型家长座谈会：畅所欲言的舞台

阅读指引

1. 小型家长座谈会是家长会的一种形式，由于每次参加的家长相对较少，所以能够让所有的家长畅所欲言。

2. 小型家长座谈会的组织需要考虑很多方面，如座谈会的话题、与会家长的协调搭配等。

3. 在小型家长座谈会上，教师要善于抛出问题，让家长充分讨论，从而达到资源共享。

幼儿园小型家长座谈会是家长会的一种形式，人数一般是 3~10 人。相对于全体性的家长会，在小型家长座谈会上，教师和家长能根据个别或部分幼儿的表现进行有针对性的交流，同时又能发挥家长之间的相互影响作用。

 **案例及分析**

小型家长座谈会："宝宝遇到困难怎么办"

片段一：教师开场白

教师：谢谢大家准时来参加这个小型家长座谈会，今天我们要讨论的核心话题是"宝宝遇到困难怎么办"。困难存在于我们生活的方方面面，不可避免，对于幼儿来说也是一样。今天我们就围绕这个核心话题，结合自己家的宝宝在遇到困难时的表现进行交流，可以举例子，也可以说一说家长的对策以及效果，欢迎大家各抒己见，畅所欲言！

片段二：家长各抒己见，互相启发

徐妈：那我先说吧。我们家宝宝主要是在和小朋友相处方面存在困难，如在亲戚家玩时会和小弟弟争抢玩具，发生争抢行为后不知道怎么办，只会着急，这个时候我一般会帮助她，或者教她说"我玩一会儿再给你玩"。

方妈：我们家宝宝不愿意练舞蹈，我们采取的方法是制作一张表格，张贴在家里最明显的厨房玻璃门上。按时练了舞蹈就在表格上贴一个贴画，没练习就撕下一个贴画，规定 10 个贴画换一个想要的礼物。

周爸：这个方法挺好的。

袁妈：我们下次也可以这样试一试。

黄妈：我们家宝宝不愿意吃早饭，每天为了让她吃早饭全家要花很多时间。我们采取的策略是寻求教师的帮助。她很听老师的话，老师和她说一下，她回去后就会好一点。

周爸：刚才方妈妈说的这个方法很好，下次我们家也可以试一试。我们家宝宝最近遇到的困难是学琴，她不愿意弹新曲子，每次都弹已经学会了的曲子，因为新曲子比较难而且不熟悉。我们采取的策略是奖励，比如原来睡觉前只讲 2 个故事，现在如果弹琴表现好就承诺她讲 4 个故事，或者出去多散步 10 分钟，有时还会用游戏或者编故事的方式教育她。

教师：你们说的都很好，对我很有启发，其他家长遇到类似的问题也可以借鉴哦！

片段三：家长偏离核心话题

徐妈：周爸爸，你们家宝宝四岁就学弹琴啦？

周爸：是的。

徐妈：你们在哪里报的？老师教得怎么样……

黄妈：我们家宝宝也学了，就在幼儿园旁边的那个琴行……也不知道宝宝多大学钢琴好？这么大的宝宝，兴趣班报几门比较合适？

……

教师：看来大家对宝宝上兴趣班的话题比较感兴趣，如果大家都感兴趣的话，下次我们可以专门围绕"宝宝上兴趣班"组织一次小型座谈会。今天我们座谈的核心话题是"宝宝遇到困难怎么办"，家长们，我们先回来好吗？

家长们：哈哈，跑题了，好的。

片段四：资源提供

教师：刚才家长们说了很多自己家宝宝遇到的困难以及自己的对策和效果，说的都很棒。在幼儿园里幼儿也会遇到各种各样的困难，如生活自理方面、同伴交往方面、学习方面、游戏方面……小班宝宝遇到困难有时会哭、会放弃，但在老师的鼓励和帮助下大部分宝宝都会愿意自己试一试或请求老师帮助。今天我们不可能穷尽所有的方法，如果大家对这一话题很感兴趣，可以去阅读相关的书籍，如《儿童怎样解决问题》等，我们也可以再交流。感谢大家的参与！

从上述案例中我们可以看出，教师在组织小型家长座谈会时应注意以下几点策略：

第一，教师开场的目的在于介绍座谈会的核心话题，并让大家互相认识。虽然参加座谈的是一个班的家长，但由于平时工作繁忙，家长之间可能互不认识，介绍一下自己，让大家先互相认识，也起到缓解氛围的作用。

第二，教师要有意识地调动家长们的积极性。当个别家长分享了自己的有益经验后，教师要和其他家长及时地进行正面反馈，给家长以自信并赋予家长教育效能感，这种效能感将会促使家长更好地与幼儿互动。

第三，当家长们偏离核心话题时，教师能及时并委婉地将家长们"拉回"核心话题，从而保证座谈效果的最大化。

第四，一次座谈也许不能穷尽话题的所有方面，不能解决每个家长的疑惑，因此教师可以从专业的角度提供资源，如推荐相关书籍、视频等。

 **教育策略**

一、如何选择小型家长座谈会的核心话题

小型家长座谈会的核心话题的选择有多种途径：第一，从话题选择的主体上来看，可以是家长，也可以是教师；第二，从话题的内容来看，可以是家长关注的问题，也可以是教师关注的问题，还可以是部分幼儿近阶段存在的问题等。上述案例中的话题来源于教师对班级幼儿的持续观察。

在选择核心话题时需要注意以下几点：第一，话题要凸显幼儿的发展水平和年龄阶段特征；第二，话题选择要考虑对班级幼儿和家长的适宜性；第三，话题不宜太大，否则家长和教师都不容易聚焦，话题也不宜太小，否则家长们可能几句话就谈完了，这样的话题不适合单独举行一次小型家长座谈会。

二、怎样组织小型家长座谈会

第一，提前告知家长小型座谈会的核心话题，给家长准备的时间。小型座谈会的话题确定之后，请感兴趣的家长报名，或者预约部分家长围绕既定的话题做好相应的准备。

第二，教师提前观察、记录幼儿的相关表现，收集座谈话题的相关资料。例如在小班下学期开展的"宝宝遇到困难怎么办"的小型座谈会，教师在确定了话题和参加人员之后，重点观察了预约交谈对象的幼儿，观察并记录了几名幼儿在一日生活中面对困难时的各种表现。此外，教师还有针对性地查阅了小班幼儿面对困难时的年龄阶段特点和相应的心理发展特点。小型座谈会之前教师收集到的这些幼儿表现以及相关的资料，可以帮助教师在座谈会开展时把握座谈会的方向和总体进程。

第三，选择家长时应注意人员的互补和协调搭配等原则。例如在幼儿饮食习惯培养的小型座谈会上，教师不仅可以邀请进餐习惯不好的幼儿的家长，也可以邀请进餐习惯良好的幼儿的家长共同参与座谈。这样的互补搭配可以有效发挥家长之间的教育作用，可以请进餐习惯良好的

幼儿的家长分享自己在培养孩子进餐习惯方面的经验和有效做法。

第四，在整个小型座谈会实施过程中，教师要起到主持和协调的作用。为了达到座谈的最佳效果，教师在座谈会开始之初需要重申讨论的核心话题，并请大家围绕核心话题进行讨论。由于每个家长的思维方式及关注点不同，可能导致讨论偏离核心话题，这时教师需要委婉地将话题转移回来。

第五，座谈会过程中，教师要以问题和经验分享等多种方式调动家长们的积极性。小型座谈会并不是教师的一言堂，而是所有参加者共同分享和建构的过程。因此，教师需要用各种方式调动家长的主动性和积极性。例如在"幼儿不愿意上幼儿园怎么办"的座谈会上，有一位家长说："我们家宝宝每天早上起床时就开始哭闹，说不要上幼儿园……不知道该怎么办？"当一名家长提出问题后，教师不必急于回答，而是把家长的问题抛给其他家长，相信他们会有不错的办法。

延伸与讨论

　　1. 你有没有组织过这种小型家长座谈会？你的班级有什么话题可以作为小型家长座谈会的主题？
　　2. 请对班级的孩子及其家长情况进行了解，选择一个话题组织一次小型家长座谈会。

（江苏省南京市北京东路小学附属幼儿园　黄双雷）

4. 第一次家长会：让家长接受你

阅读指引

1. 每位教师都会经历自己组织的第一次家长会，由于是第一次，所以难免会不够完美。

2. 在做好各种准备的前提下，家长会的重点、家长会开展的形式以及教师与家长的互动都是需要注意的问题。

3. 第一次家长会既能让家长最直接地了解你、接受你，也能为今后的家长工作打下基础。

家长会是学校为了保持与家长的密切联系而邀请家长参加的一种有效形式，也是班主任对家长开展集体工作的一种有效方法，对家庭和学校双方都有重大作用。对于新教师而言，第一次家长会更是建立家园联系的重要纽带。

 案例及分析

小艾老师的第一次家长会

小艾老师是一位教龄只有一年的新教师，经过一段时期的工作实践，小艾老师对班级常规工作已经比较了解，和孩子建立了较为亲密的关系，与家长也进行了良好的沟通。为了让家长进一步了解孩子的在园情况，增进家长对幼儿园课程的了解，加强家园合作，小艾老师决定在学期初开一次班级家

长会。

镜头一　家长会前的花絮

晚上六点，家长陆陆续续地走进活动室，小艾老师有礼貌地向家长问好，并拿出准备好的签到表让家长签到，与此同时打开了电脑，配着悠扬的音乐，老师为家长呈现孩子们参加各种活动的照片。家长们被吸引住了，饶有兴趣地欣赏着孩子们的照片，不时发出愉悦的笑声，还有家长小声议论着："瞧，孩子们在进行故事表演，我们家雯雯扮演了小白兔。""咦，孩子们这是在干什么呀？"听到家长疑惑的声音，小艾老师连忙向家长解释说明照片上孩子们的活动。

镜头二　一言堂的家长会

家长会开始了，小艾老师首先向家长简单总结了上学期的工作，并对家长的支持表达了感谢。接下来小艾老师按照准备好的讲稿向家长介绍本学期的重点工作，可能由于紧张的缘故，小艾老师的眼睛一直注视着手中的稿纸，与家长没有眼神上的沟通，语速也渐渐地加快。从幼儿年龄特点的介绍到主题活动的预设开展以及班级专题的实施情况，小艾老师像是在向家长宣读工作报告，家长们的眼神和表情也渐渐流露出困惑、厌烦。小艾老师结束了发言，用询问的语气说："对于本学期的重点工作，家长们有什么意见和建议吗？"家长们你看看我，我看看你，一言不发，场面显得有点尴尬。

镜头三　结束前的批评

家长会结束前，小艾老师提到了班级中频频发生的攻击性行为，她阐述了自己的观点："孩子年龄小，争抢玩具的现象时有发生，也因此出现了打人、抓人、咬人的现象，特别是我们的贝贝小朋友，经常争抢其他小朋友的玩具，好几次都把小朋友的脸抓破了，希望贝贝的爸爸妈妈能予以重视，加强对孩子这方面的教育，让贝贝形成良好的行为习惯。"贝贝的父母听到小艾老师对孩子的评价，霎时显得很难为情，手足无措。贝贝妈妈向其他家长道歉，并表示一定会加强对孩子的教育。

小艾老师的家长会让我们从一个侧面了解到新教师开家长会时的特点，既有可取之处，也存在一定不足。

可取之处

1. 会前准备工作细致

小艾老师在开家长会之前进行了细致的准备工作，家长会的发言稿、家长的签到表、座位的安排与调整等，特别是在家长等待的时间，小艾老师准备了孩子们在各个活动中的照片并配以悠扬的音乐让家长欣赏，不仅让家长间接了解了孩子在园的活动，也从侧面让家长对幼儿园的课程和工作有了认知，让家长对老师平时的工作有了认可。

2. 家长会内容有详有略

整个家长会的内容详略适宜，简单地回顾总结了上学期的工作，并对本学期的工作予以重点阐述，让家长了解幼儿园以及班级的工作重点，并给予相应的支持与配合。

不足之处

1. 家长会形式单调

小艾老师的家长会形式是传统、单一的讲座式，即老师在上面讲，家长在下面听，老师与家长之间没有互动，家长与家长之间也没有互动。这样的家长会形式单调乏味，如果时间较长，家长容易疲劳和厌烦，对内容未能内化，对教师所传达的思想和理念未能理解，这样也就失去了开家长会的意义。

2. 一言堂现象凸显

家长会上，虽然教师是整个会议的主体，但家长和老师的关系是平等的，家长可以向老师提问，家长间可以互动，家长和老师间有交流，这样才能增强家长对老师的信任与理解，才能使家长会生动起来。案例中小艾老师的家长会是一言堂，未能给予互相交流的机会，且语速很快，降低了家长会的质量。

3. 个别行为放大化

小艾老师向贝贝父母反映了贝贝的攻击性行为，虽然出发点是好的，但在家长会上提出这个问题，显得不合时宜。在其他家长面前放大贝贝的攻击性行为，不经意间挫伤了贝贝父母的自尊心。

 **教育策略**

一、突出重点解困惑

教师可以总体设立一系列重点，一次一重点，一次一主题。例如，根据刚入园孩子的特点，第一学期的家长会可以将主题定为"幼儿生活自理能力的提高"，重点指导家长帮助孩子养成自己的事情自己做的习惯，完成从家庭生活到幼儿园生活的过渡；第二学期可将家长会的主题定为"良好的行为习惯"，指导家长转变教育理念，更新教育方式，使家园教育同步。为确定合适的主题，家长会之前教师可以通过多种方式，征求家长意见，倾听他们最想了解什么，最困惑的是什么，及时调整自己的计划，满足家长所需。

二、变换形式求沟通

虽然每个学期只开1~2次家长会，但是如果每次家长会都是一个模式，家长就会厌烦，会不重视。因此，教师不妨创新一下形式，不要拘泥于一种。比如，采用座谈会的形式，把教室里的桌椅围成一个圈，拉近彼此的距离；请家长代表发言，交流经验，比教师空洞的宣讲更有说服力；还可以请孩子向家长说说自己的心声，或者给家长写信，请家长回信，架起沟通的桥梁……不同形式的家长会，会带给家长不同的感受，给大家留下美好的回忆，也会成为下一次相聚的期待！

三、换位思考给希望

切忌把家长会开成批斗会、告状会，要整体地谈孩子在园的情况，应多表扬孩子进步的表现，不随意贬低孩子。孩子是父母的希望，虽然有的家长会说"我的孩子真笨"，但失望之余仍有希望，教师应该与家长一起分析原因，找到合理的方法，而不是泼冷水。家长和老师要在积极的互动中获得教育共识。

延伸与讨论

你独立组织过家长会吗？还记得第一次组织家长会的情景吗？你有什么经验和大家分享？能尝试着进行反思、总结吗？

（上海市浦东新区南门幼儿园 杨 莉）

5. 家园联系栏：教育分享的园地

阅读指引

1. 家园联系栏绝不是一种摆设，要起到沟通、交流的作用。

2. 教师可以通过及时更新和有效引导等方法，帮助家长养成关注家园联系栏的习惯。

3. 教师要善于运用板块颜色对比、文字对比等方式突出家园联系栏的重点，引起家长的关注。

家园联系栏是家园沟通的一座桥梁，是反映保教工作情况的一扇窗户，更是分享教育理念的一块园地。因此，创设科学有效的家园联系栏是非常重要的。

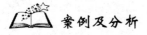 案例及分析

无人问津的家园联系栏

幼儿园快要开学了，中二班的老师按照常规对家园联系栏进行板块的布置，用海里的鱼类、小熊的一家、小朋友玩积木等不同的卡通形象以及四张不同颜色的卡纸做底衬进行装饰，内容有："一周计划"（让家长了解近一周的教育目标、教学内容、游戏生活），底衬选用了大红色；"家教文章"（给家长推荐一些好的育儿和保健知识），底衬选用了橙色；"温馨提示"（提

醒需要家长配合的事项），底衬选用了深绿色；"快乐学习"（张贴一些幼儿学习的歌词及儿歌），底衬选用了深蓝色。老师们花费了大量的时间和精力，本想着刚开学会有很多家长驻足欣赏，可没想到家长对这个板块好像不感兴趣，还经常询问老师今天的游戏内容及通知（其实已经贴在家园联系栏中了）。中二班的老师觉得很困惑，怎么没有家长关注呢？

案例中的家园联系栏显然是老师精心设计的，但效果并不理想，原因是什么？给我们哪些启发呢？

一、版面设计过于繁杂，内容过多

案例中描述的家园联系栏讲究内容的全和细，虽然这些内容可能都是家长感兴趣的，但是当这些内容全部呈现在家长面前时，家长就很难在短时间内进行筛选，寻找到自己想要了解的内容。另一方面，这个家园联系栏的版面装饰是站在幼儿的角度，过多的卡通形象并不能引起家长的注意，而底板的色彩过浓，又不容易让家长很快从中抓住内容的主题，有些颜色如大红色、深蓝色等还会造成人的视觉疲劳，使人不愿意过多浏览。这样，家园联系栏也就难以起到应有的作用。

二、缺乏新意和有效的引导

案例中，家园联系栏安排的是比较常见的内容，对家长来说没有什么新意，里面的家教文章也不是专门针对中班幼儿的，对家长来说缺乏实际的指导意义，自然不易引起家长的关注。

家长经常询问老师游戏内容及通知，可见在日常的家园联系中，教师没有及时提醒和引导家长关注家园联系栏的内容，没能有效地利用家园联系栏为家长服务。

📖 教育策略

如果家园联系栏不能吸引家长去关注，即使设计得再好也达不到应有的效果。那么，如何才能做到吸引家长的注意力呢？

一、家园联系栏的栏目名称、排版要引起家长的兴趣

要想让家长了解家园联系栏中的各项内容，首先在创设家园联系栏的时候就要考虑如何吸引家长。教师可以选择一些生动活泼、指向性强的名称，如"彩虹桥"、"家园碰碰车"、"爸爸妈妈看过来"等；板块的颜色要清新淡雅，如黄色、浅粉色、草绿色、淡蓝色等；各个板块的形状要和谐统一，富有美感，不杂乱；在图案的选择上，可选择一些温馨、简洁的花草做陪衬；在字体的选择上，要端正、清晰，与底板的颜色区分开来，尤其适合接送孩子的老年人看。

二、家园联系栏的内容要满足家长的需要

很多老师会根据自己的喜好创设各板块的内容，其实这是一个误区，仅凭老师的个人喜好选择板块内容是很片面的。俗话说："只有别人需要的，才是最适合的。"要根据不同年龄段孩子的家长的需要和教养习惯，满足家长的需求，引起家长的共鸣，真正做到家园互动。老师在每个学期初的"家长沟通会"上可以通过调查表的形式进行统计，了解家长对家园联系栏内容的需求。

小班可注重孩子的生活、保健方面的信息，除了创设"一周计划"、"家教文章"、"请您配合"、"快乐学习"外，还可以增加"童言趣语"，记录孩子们在一日生活中的趣语对话，不仅能让家长感受到孩子的童真可爱，还能惊喜地发现孩子的变化以及老师们细致入微的观察。"投石问路"板块是让家长发布自己在育儿方面的困惑，其他家长可以你一言、我一语地说说自己的观点，老师定期进行总结。

中班可以增加有关行为习惯和能力培养方面的信息。如"本周好宝宝"主要是针对孩子们在幼儿园一周中的生活和游戏表现来进行评价，对表现出色的小朋友要及时表扬，并将其照片贴在上面，对其余小朋友也要进行鼓励，让他们争当好宝宝；在"家教心得"中可以请家长写一些教养札记和亲子游戏案例，供大家分享；"家长信箱"便于家长以书信的形式给班级老师提出建议。

大班要注重传递关于学习习惯及学习方法的信息。如可以在"家教

文章"中推荐一些幼小衔接的知识，让家长了解上小学前的各方面的准备；在"亲子活动"中，可以根据季节和节日发起亲子活动，商讨活动时间、内容、地点等，并在"精彩瞬间"中展示出来。以上这些内容，都要根据家长的需求进行合理、科学、有效的调整和增减。

三、家园联系栏要根据班级情况及时更新

在创设家园联系栏时要总体考虑其主题性、创造性、教育性、全面性、形式美、互动对话性。一成不变的内容，形式单一的布局，很快就会让家长觉得乏味、失去兴趣，因此要根据孩子的情况及时更新。还可以定期访谈一些家长，根据大部分家长的需要进行更新，让家园联系栏真正发挥支持、合作、指导的作用。除此之外，还要观察每天入园、离园时家长对家园联系栏的关注程度，有针对性地进行调整，及时和家长沟通交流，让这个静态的家园联系栏变得"动"起来、"活"起来。

比如在一段时间内，不少家长都反映孩子对电视、电脑比较着迷，回家后在电视和电脑上花费的时间较多，特别是一些男孩子看了带有暴力倾向的动画片后，与同伴交往中攻击性行为也随之增多。这时，教师就可以有针对性地在"家教文章"中发布一些相关的内容，介绍看电视、玩电脑的弊端以及如何正确引导幼儿，并放在家园联系栏的显著位置，让家长觉得对自己有帮助，这样他们以后也就会更加关注家园联系栏了。

延伸与讨论

1. 你们班级家园联系栏中的内容一般都来自哪里？觉得效果如何？

2. 你们班的家长对家园联系栏中的哪些内容最感兴趣？有何启发？

（安徽省合肥市栢景湾幼儿园　祖　莉）

6. 新生家长工作：战胜分离焦虑

阅读指引

> 1. 新入园幼儿的家长工作要从入园前开始，让家长做好各项准备工作。
>
> 2. 新入园幼儿家长的各种问题往往是源于对孩子在园情况的不了解，教师要利用多种途径，多和家长交流沟通孩子的在园情况，让家长放心。
>
> 3. 新入园幼儿的家长工作既关系到新入园幼儿能否尽快适应新环境，也关系到今后家园关系是否稳固。

新入园幼儿焦虑情绪的产生存在着许多复杂的原因，环境的改变、作息时间的改变、周围成人与其交流方式的改变等都是导致孩子不适应和焦虑的重要原因。为了让孩子顺利地渡过入园的焦虑期，教师与家长的共同合作至关重要。在幼儿入园伊始做好家长工作，是今后家园共育的良好基础。

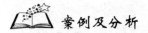 案例及分析

哭闹的晨晨

开学两个多星期了，在结束了幼儿园开展的"新生亲子体验周"之后，适应能力较强的孩子已经能够很好地进入状态，但仍有不少孩子还是会在入园时忍不住要哭闹，晨晨就是其中一个。

那天晨晨妈妈送他进入教室后，老师很热情地迎上去，然

后拉着晨晨去看玩具架上的新玩具，晨晨紧紧地抱住妈妈的脖子让妈妈陪他一起去看，老师微笑着说："好的，没问题，妈妈再多陪晨晨一会儿。"晨晨发现了他非常喜欢的天线宝宝，于是从妈妈身上下来，开始专注地玩起玩具来，晨晨妈妈便悄悄地离开了教室。可是不到一分钟，晨晨转头发现妈妈不在了，便嚎啕大哭起来，一边哭一边冲向门外。老师怕孩子跑远，赶紧关上了门开始安慰晨晨，可是晨晨一直盯着窗外哭个不停，怎么也哄不好。老师向窗外一看，原来晨晨的妈妈趴在窗户边一直没有走，在偷偷地看着教室里的儿子呢！

离园的时候，老师和晨晨的家长针对早上的情况进行了以下沟通。

老师：晨晨妈妈您好，今天早上你离开后，晨晨哭了挺长一段时间。我觉得我们可以沟通一下，看看能否找到更好的办法解决这个问题。

晨晨妈妈：我们家晨晨适应能力比较差，从小到大一直都是我一个人带他，所以他很依赖我，一会儿也离不开我。

老师：能够看得出来他特别依恋你，所以他认为只有和你在一起最安全，其实你可以试试让家里的其他成员来独立地带带他，让他感受到和其他人在一起也同样安全、快乐。

晨晨妈妈：好的，我回去试试。下次让他爸爸来送看行不行。我每次送都走不掉，今天早上只好趁他不注意时悄悄走了，没想到他哭得那么伤心。

老师：是的，有的孩子在妈妈突然离开后会哭，但用别的事情转移一下注意力马上就好了，不过晨晨更愿意接受你和他说"妈妈去上班，过一会儿就来接你"。这样他心里会有个期盼，从而慢慢地把情绪稳定下来。所以下次你一定不要采取突然离开的方法，这样他会更难以接受。

晨晨妈妈：我也意识到了，今天早上我在窗外看了一会儿，是不是被他发现了？

老师：是的，透过玻璃窗发现你后，他的情绪波动更大了，哭得更伤心了。所以，如果你觉得不放心可以陪他多待一会儿，但尽量不要在窗外躲着，因为如果孩子发现了，他的情绪会更加难以平静下来。

晨晨妈妈：好的，谢谢老师。

老师：不用太担心，相信在我们的共同努力下，晨晨会很快度过这个阶段的。

首先，从案例中可以看出晨晨的家长对孩子的哭闹非常无奈，只能在送完孩子后悄悄在外面看。如果教师事先就主动做好和晨晨家长的沟通，说清楚用什么方式和孩子告别最适合，相信能够更顺利地做好晨晨的接送工作。

其次，事后的沟通很成功。在发现问题后，老师及时地和家长进行了有效的沟通，找到了问题的某些原因，比如总是妈妈一个人带孩子、妈妈突然离开等。老师给出了自己的建议，同时也安慰了妈妈，增强了妈妈的信心。

最后，这种情况对于刚入园的幼儿和家长来说是非常普遍的，其主要原因是教师没有做好刚入园孩子的家长工作。如果教师在新生入园前，利用家长会、家访等形式将入园后孩子的一些正常的哭闹行为提前告知家长，让家长心里有所准备，那么面对孩子的这种现象，家长就会少一些担心和焦虑，也会更好地配合教师共同帮助孩子渡过这个适应期。

 **教育策略**

一、做好新生报到日的交流工作

报到当天教师要抓住时机，和家长进行有效的沟通交流，为今后的家园合作做好铺垫。

1. 记录家长对孩子的担心

在报到日当天，我们可以准备一个记录本，让家长坐下来面对面地和我们交流，在家长介绍完孩子的基本情况后，问一问孩子上幼儿园以后他（她）最担心的问题是什么。几乎每个家长都会说出至少一种担心的问题，而这些担心基本都是家长根据孩子在家的表现总结出来的，能帮助我们在孩子入园后有针对性地进行教育，也可以让家长减轻一些忧虑。如果报到日当天时间太紧张，我们也可以发放问卷调查表，这能让家长感受到教师认真负责的态度，对教师产生初步的信任，为入园后的家园配合打下基础。

2. 了解孩子的优点和特长

在初次与家长交流的时候，饶有兴趣地询问家长孩子最感兴趣的事情是什么，有哪些优点、特长，会让家长体会到老师对孩子的关心和认真负责的态度，家长会非常高兴的。如宁宁的妈妈告诉老师，宁宁最大的爱好就是看书，而且对汉字特别敏感，现在简单的故事书基本能从头读到尾，但宁宁比较胆小，平时在外面很少说话，妈妈担心他刚入园会不适应。了解到这些情况后，在班上的听故事时间里，教师就经常让宁宁讲故事给大家听，这样不但锻炼了宁宁的勇气，也很好地发挥了他的特长，让宁宁的妈妈感到很欣慰。

二、开好入园后的第一次家长会

新生家长会可以快速、有效地增进教师与家长、家长与家长之间的联系。

1. 做到双向沟通

刚开学，面对这些对幼儿园感到很陌生的家长，教师可能会有许多问题和要求要向新生家长们交代，也要去排解许多家长的忧虑，这无可厚非，但一定要避免"一言堂"。因为教师准备得再充分，也不可能把家长们所有的疑虑和困惑都考虑进来，这就需要教师调动家长的积极性，让他们都参与发言。这样做还可以增进家长之间、家长与教师之间的沟通和了解，为构建平等、民主的家园关系打下良好的基础。

2. 丰富家长会的开展形式

传统的家长会是以教师的讲解、介绍为主，其实对于新生家长来说，他们最想看到的是孩子们被送到幼儿园后一天的生活是如何进行的，是不是一天都在伤心、难过和"要妈妈"的声音中度过的。在开家长会时，教师可以将一些幼儿在园一日生活的照片和录像播放给家长看，这样既可以让家长了解孩子在幼儿园丰富有序的一日生活情况，又可以消除他们的担心。

3. 注重个别交流

家长会的时间是有限的，结束并不意味着问题都解决了。对于有的新生家长来说，他们还有很多具体的问题、困惑甚至特殊要求，希望并需要和教师进行个别的沟通和交流。在和家长的个别交流中，教师可以提前了解班级幼儿的一些特殊情况，也可以初步了解一些家长的育儿理念。

三、运用多种方式紧密沟通

现在可以利用的家园沟通交流方式多种多样，电话、班级博客和班级 QQ 群等，可以实现随时随地的沟通和交流，在幼儿入园初期更应发挥这些工具的有效作用。

1. 电话常联系

刚入园时，老师应主动将自己的电话号码告诉家长，并记下所有家长的联系方式，做到常联系。在周末还可以进行电话家访，了解幼儿在家的情况。通过电话家访，可以促进老师与家长、幼儿之间的情感交流，同时也使双方互相了解孩子的发展情况，及时沟通教育策略，对孩子进行督促纠正，使教师工作更具实效性。

2. 使用博客和 QQ 群

在班级成立初期，为班级建立博客和 QQ 群，可以有效地促进家园合作。刚入园时会有什么活动，需要家长配合些什么，都可以通过它们传达给每一位家长。同样，家长有什么要求、困惑、嘱托，也可以通过博客和QQ 群传达给老师，老师的及时回复，会让这些有焦虑情绪的家长感到安心、放心。

延伸与讨论

1. 在迎接新入园幼儿及其家长时，你遇到过什么问题？是怎样解决的？

2. 面对新入园幼儿的家长工作，你有什么好的经验可以分享？

（安徽省合肥市长江路幼儿园　唐　瑞）

7. 网络家长会：沟通无极限

阅读指引

1. 现代信息技术的巧妙利用会给你的工作带来前所未有的便利，关键在于你要"会用"、"巧用"。

2. 网络家长会同样需要精心准备，呈现的内容、组织及交流方式与传统家长会有明显区别。

3. 紧跟时代步伐，创造更有效的家园互动途径。

如今，网络沟通已经成为家园联系的新载体，通过网络能让家长更直接、更迅速地了解幼儿的在园情况，更好地配合幼儿园开展各项教学工作。网络平台的建设与运用成了家园联系的重要手段之一。

 **案例及分析**

一次网络家长会

又到了每学期开学的时候了，幼儿园要求班级召开新学期的家长会，可是每次家长会总会有部分家长因为各种原因不来参加。配班的王老师突然提出了一个好建议——能不能把家长们都召集到网上开会呢？这样就算是出差也不会耽误了。刘老师大胆地接受了王老师的提议，并认真仔细地对网上家长会做出了详细计划与安排：请家长们在休息日规定的时间一起上班级QQ群群聊，两位老师保证同时在线，家长在接收会议内容的同时，可有针对性地与另一位不主持会议的老师私聊，全面了解自己孩子的发展情况。

　　一切准备妥当，网络家长会如期举行，QQ群里老师向家长们开场致辞，将本学期的工作重点和需要配合的事宜通过事先准备好的文字发给家长，还将开学期间孩子在班级活动的照片上传给大家欣赏，同时就班级目前存在的一些问题请家长发表意见。家长们在群里畅所欲言，提出了不少好建议，一些家长还与老师进行了私聊，一直持续了很长时间才结束。整个会议融洽而有序，是一次非常有效的家长会。会后，两位老师将家长的建议进行了梳理，并商讨了解决的办法，以便在以后的工作中解决。

顺应潮流的发展，不断开拓幼儿家长会的新形式，无疑是一种有效的做法。上述案例中的网络家长会体现了以下几方面的优势：

一、参会的时间和空间更自由了

幼儿园老师能与时俱进，充分利用现代化通讯工具，促进了家园之间的紧密联系。巧妙地利用网络，首先避免了家长为来园开会而特地请假的麻烦，节省了家长的时间；对于身在外地或有事不能前来的家长也提供了自由的空间，他们同样可以了解班级家长会的内容；家长参加会议的时间可长可短，没有时间的限制。

二、信息的传达和吸收更全面了

网络家长会的表达方式更为自由活跃，平时一些不善言谈的家长也都在教师的引导下投入到家长会的交流中来。特别是有许多家庭都是父母同在电脑前参加会议，避免了以往父母其中一人参加家长会时对外表达和对内传达所存在的片面性，大大增强了信息的全面性、准确性。因为会议时间没有太大限制，所以大家畅所欲言，拥有更多表达观点的机会，在相同时间内大大增加了教师获取的信息量。

三、交流的内容和建议更丰富了

在网上，家长可以真实地表达自己的想法，即使自己的发言会受到其他家长的质疑，家长也会从这些批评中明白自己错在哪里，同时也了解了其他家长的看法。网络中的私聊功能也满足了家长们想详细了解自己孩子的愿望，更加具体而富有针对性。个别因为特殊情况不能按时上网参加会议的家长，在会议结束后只要打开班级 QQ 群，所有的消息记录都会显示在电脑上，同样也能了解本次会议的内容。

 **教育策略**

一、会前的准备

在班级通知栏和 QQ 群里提前一周发布召开家长会的时间及形式，要求家长安排好个人时间，做好网上开家长会的准备。一般来说，安排在周末休息的时间家长们会很安心地参加。建议家长都用电脑上线，因为手机 QQ 在接收大量文字时速度相对较慢，不利于家长与教师、其他家长进行互动。

让家长在家长会前一周就思考需要与教师沟通的内容，包括对班级的意见与建议等，以便会议时家长有话可说。提前与班级部分家长沟通，要求他们在会议中做发言的带头人，带动网络会议的气氛，鼓励更多的家长参与到会议中来。

教师提前建立电子文档，将会议内容逐条打出来，详细而准确地表达在电脑上，节省在会议中教师打字的时间。教师在准备每条内容的时候要做到理论结合实际，具体到班级中的某件事、某个人。例如，当教师希望得到家长们对班级工作的支持时，可以具体到本班某某家长为班级做出了哪些贡献，这会带动其他家长今后为班级服务的积极性。

二、会议的组织

教师在会议召开前要求参会家长一律亮起自己的头像，不得隐身，方便教师查看参会家长的人数。

教师将已打好的电子文档逐条发布在群里。其中包括开场白、本学期教育教学计划和具体需要家长配合的内容及结束语。每一条内容后面都加上"有疑问的家长请提出"的文字，并留给家长思考的时间。家长们每看完一条都会有相应的反馈，教师在线上与有疑问的家长进行文字互动，而不是教师一言堂。每一条信息发布后都要得到家长们的响应，而且要等到没有疑问后再进入下一条。

● 棘手问题共同讨论。如果在家长会上家长们提出了一些共性的问题，可利用集体智慧及时商讨解决。例如，有家长提出没有时间接送孩子，不能及时了解幼儿园每天布置的小任务和有关通知（爷爷奶奶不识字或看不清楚通知的要求等），老师组织家长商讨解决办法，于是家长们就自发安排、轮流记录，将当天通知栏里的任务及通知用手机拍摄下来后上传到班级群里。

● 个别问题单独交流。有的家长想了解自己孩子在园的一些具体情况，但又不愿意让所有家长知道，为了顾及每位家长的心理，这时就可以进行私聊。两位与会老师要做好私聊和群聊的任务分配。

● 鼓励每位家长发言，营造和谐的会议气氛。运用文字的形式交流本身就比较枯燥，如果老师像做报告一样一条一条地发文字，是不能吸引家长们热情地参与进来的。这时，主持的老师可以运用表情栏里的符号、网络上的一些图片，来拉近与家长之间的距离，营造亲切、轻松的气氛。

● 引领指导，互相学习。教师可以向家长介绍科学育儿的方法，给家长以指导；一些家长也可以与其他家长分享自己独特的教育经验和方法，大家互相学习，相互受益。

三、会议的整理

在会议结束语中要对参加会议的家长们表示衷心的感谢，对积极发言、提出好建议的家长致谢。

请个别仍有疑问的家长在会议结束后与老师有针对性地私聊。

老师将会议内容进行整理归纳，商讨共性问题的解决方法，为以后做好家长工作奠定基础。

延伸与讨论

　　1. 你开展过网络家长会吗？你认为网络家长会的组织有何优点？要重点把握哪些要点？

　　2. 你认为还有什么更有效的家长会形式？如何开展？

（安徽省委机关幼儿园　刘佳佳　王文英）

8. 班级网站：随时随地沟通

阅读指引

> 1. 现代信息技术使幼儿园的家长工作更加方便、快捷，合理利用信息技术是现代教师最基本的能力之一。
>
> 2. 班级网站的结构要合理，界面要友好，内容要丰富，更新要及时，要考虑家长的互动与参与。
>
> 3. 巧妙利用网站建立家园合作模式，教师会有更多的收获。

随着现代生活节奏的加快，传统的家园联系方式，如打电话、开家长会，已满足不了家长的要求。因此，班级网站式的联系方式悄然而生，成为家园联系的重要方式。

 案例及分析

网上通知

幼儿园组织中班幼儿外出参观，班级在前一天发出通知，要求家长给孩子准备外出活动的物品，同时也告知了来接送孩子的家长。第二天入园时，好几个孩子没有按要求带需要的物品，导致孩子不能顺利参与活动，情绪低落。家长意见很大，认为自己不清楚活动要求。

经过了解，老师得知原来是因为平时接送孩子的保姆不认识字，也没能准确地把老师的口头通知向家长传达。虽然经过

老师的沟通平息了这件事，但老师对此进行了反思：如果之前利用班级网站将通知在网上发布，或者再将通知单发给没有时间接送孩子的家长，或者直接与家长通个电话确认一下……家长的反应也许就不会那么强烈了。此后，老师便将所有的通知都挂到班级网站上，并注意及时捕捉家长的反馈信息，做更加细致的跟进工作。

信息共享

一次家长会后，巧巧的妈妈告诉老师，巧巧很喜欢在幼儿园学的一些歌曲，但是可能是缺少老师伴奏的原因，她经常唱得找不到调，偶尔还会忘掉歌词，以至于孩子在家高昂的表演兴致不能得到满足，家长感到很遗憾。

针对这种情况，老师和家长共同设计了FLASH音乐动画挂在班级网站上，还一起搜集幼儿歌曲供大家在线欣赏，孩子们在家也能随时唱唱跳跳。老师还由此想到，家长不仅关心孩子在幼儿园学了什么本领，还非常关注孩子们参加的社会活动。现在有了班级网站，这些内容和活动的视频、照片都可以上传到班级网络，让家长不去幼儿园也能知道孩子在园的情况。同时，通过班级网站家长不仅可以看到自己孩子的表现，也可以知道其他孩子的表现，还可以认识班上其他孩子的家长。班级网站的建立为家园互动、展现孩子们的风采搭建了广阔的舞台。家长们在第一时间内动态地了解到孩子参与的社会活动，例如迎新年的表演活动照片，参加"故事广播"游园活动等；家长还能通过网站随时欣赏到孩子在园的美术作品。

交流互动

一天早晨，扬扬的妈妈刚想和老师说一说幼儿园孩子是否要学习写字的问题，还没有来得及展开深入讨论，做早操的音乐响了，老师和家长只好匆匆道别，彼此都觉得意犹未尽。

回到家以后，老师在网站上挂出了有针对性的帖子，谈了自己的观点，还邀请其他家长讨论和关注。在入园、离园的短时间内，家长有很多育儿的困惑无法与老师深入交流，此时网站发挥了巨大的延伸作用。尝到甜头以后，老师不放过任何讨论的契机，编辑成各种帖子和小贴士供大家讨论、参考，有机会还结合家长的专长增强讨论的广度和深度。

大多数家长工作忙、压力大，不能正常接送孩子，接送孩子的任务大都交给了老人或保姆，由于长辈年纪大容易忘事，保姆文化层次不高，导致家园沟通不通畅。为了改变这种状况，案例中的老师利用了现代化的网络交流模式，建立了班级网站，拓宽家园沟通渠道，及时传递信息，交流育儿知识，使家园间的交流变得快捷、及时、便利、有效。

 **教育策略**

如何发挥班级网站这一信息技术手段的桥梁价值，是老师面临的一个新话题。

一、建立班级网站的目的要明确

班级网站的建立不是盲目随意的，它作为家园沟通的手段之一，必须有明确的目的性和科学性，这样的沟通才能发挥其有效性。网站建立的目的主要有以下几点：一是利用班级网站向家长宣传幼儿园的保教理念，向家长提供先进的家教知识；二是展示班级老师的教育教学实力，班级的教育特色、活动内容；三是让家长在第一时间了解孩子在园的相关信息、孩子近期的发展情况；四是让家长及时了解幼儿园的活动动态；五是为家长提供吐露心声、咨询问题、发表感想、提出建议的交流平台。

二、班级网页的内容要丰富

一般情况下，班级网页涉及的栏目有：班级介绍、班级动态、通知公告、班级活动相册、视频、幼儿作品、家园教育文集、保健之窗、班级论坛、联系方式等。各栏目的形式要丰富多样、图文并茂，让家长一目了然，愿意去浏览；栏目的内涵要有趣、有意义，让家长容易理解，愿意去参与。讨论的话题应是家长关心的，话题的内容可从孩子的故事入手，只要是与孩子相关的事，家长都会感兴趣。在表达上注意使用亲切、商量、征询的语气，努力营造温馨、甜蜜的大家庭氛围。

三、更新班级网页内容要及时

根据园内举办的大型集体活动、班级开展的主题教育活动等，及时更新网页内容；孩子的每日在园信息，孩子的活动照片和视频，教育文摘及经验介绍，需要家长配合的内容等应定期更新；班级论坛也需每日更新。这样才能保证内容的时效性，提高家长的点击率和参与的积极性。

四、班级网站管理要创新

班级网站的管理只有老师的付出是单薄的，要尽力吸收家长的力量来共同管理。教师可以选出几位热心的家长，请他们轮流担任班级论坛的"值日生"，发起讨论、策划活动等，让家长真正成为网络沟通的主人；也可以确定"班集体交流日"，让家长定期网上聚会；还可以利用家委会成员的力量来管理班级网站，使网站内容不断丰富、管理不断创新。这样可以有效聚集人气，让更多的家长通过集体交流增进相互间的了解，增进对班级的了解。

延伸与讨论

　　1. 班级网站如何架构？一般包括哪些内容？
　　2. 你建立过班级网站吗？采用了哪些管理方法？试结合实际举例说明。

（安徽省合肥市栢景湾幼儿园　潘文娟）

第三辑　乐为朋友

　　俗话说：三百六十行，行行出状元。每一位不同行业的家长都是幼儿园的宝贵资源，他们在专业、时间和能力等各方面，能为幼儿园教育贡献力量。作为教师，我们要用尊重、欣赏的眼光面对每一位家长，虚心向家长们学习，发现他们的长处。在彼此的互动交流中，一方面教师可以扩大自己的知识面，另一方面家长也可以提升自我价值感，增进与幼儿园之间的情感。

1. 向家长学习

> 1. 人无完人，每一位家长都有值得我们学习的地方，教师与家长交往时要有谦虚的态度。
>
> 2. 只有多沟通、多交流，才能发现家长的优点、长处，才能调动家长利用自己的专长和特长为班级、为孩子服务的积极性。
>
> 3. 学习不同家长的家庭教育经验，总结成功教育孩子的家庭根源，学会站在家长的角度考虑教育问题，促进家长间的交流与互助。

孔子曰："三人行，必有我师焉。"哲学家爱默生也说："一个聪明的人能拜一切人做老师。"身为幼儿园教师，我们会接触来自各行各业的家长，他们都有值得我们学习的地方。那么，究竟向家长学什么呢?

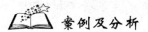 案例及分析

让家长走进课堂

小雨刚上幼儿园时就显露出了他从妈妈那里继承的运动天赋：草地上，他跑得最快；过独木桥时，他走得最稳；早操时，他的动作最到位。在冬季运动会上，他还为我们班夺得了好几个一等奖呢! 这一切都离不开他妈妈的培养。

小雨妈妈是一位退役的短跑冠军，现任大学体育教师。近

水楼台先得月，我常常就班上孩子的运动情况向她请教，比如"夏天适合什么运动?""一日生活哪个时间段最适合自由活动?""冬天运动时穿多好，还是穿少好?"我的问题都得到了她耐心的解答。为了让更多的人受益，我在家长会上介绍了小雨妈妈的运动员身份。会后，家长们迫不及待地将小雨妈妈围起来问这问那，如"什么运动有助于长个子?""运动多长时间合适?""三岁可以学轮滑吗?"……面对一个又一个问题，小雨妈妈都能站在专业的高度帮助家长解开疑惑，给家长提供专业的指导。

在家长的强烈要求下，小雨妈妈还每个月来我们班上一次体育课。毕竟是体育专业的老师，在她的体育课上我感受到了不一样的氛围。她的操节口令很干脆，让孩子们很快就进入状态，没有一个偷懒的，动作也随着口令干脆利落起来。她很重视体育活动前的热身，每次都有很丰富的准备动作，让孩子们全身都能活动起来。

小雨妈妈的体育活动让我们班的孩子爱上了运动，看到班上的孩子一天比一天爱跑爱跳爱运动，我知道这都是运动健将——小雨妈妈的功劳。

为班级尽自己的力量

现代人的生活似乎有两个世界，一个在人群中，一个在网络里。网络为我们提供了数不清的便利，为我们呈现了多彩的世界。生活中隐藏着许多高手，他们精通网络，是不折不扣的网络达人。

小蕊的妈妈就是这么一位网络达人。开学之初，为了方便家园之间的交流，我们想建立一个班级QQ群，可班上的三位老师都是"网络菜鸟"。幸好，我们发现小蕊妈妈的职业与网络有关，于是就请她来帮助我们。班级QQ群建好后，小蕊妈妈主动担任群里的管理员，组织家长们积极加入。一段时间以后，我发现这个班级QQ群的内容是如此丰富："公告板"上展示着班级最近的一些通知;"调查表"里有家长们感兴趣的小调查，如

"放假你想去哪儿?"甚至还有选项和人数统计情况;"班级相册"里有很多家长上传的照片;"共享资源"里有他们下载的电子图书。真是让我大开眼界。在高兴之余,我也兴致勃勃地加入了这个班级QQ群,还向群主学习了好几招呢!例如,如何上传文档,怎么制作调查表,渐渐地我也能得心应手地穿梭于网络了。值得一提的是,在班级需要统一购买服装和学具时,网络还能发挥它的另一功能——网购。

向家长老师学教育

小阳妈妈是一位资深的小学语文老师,在语文教育上拥有丰富的经验,例如如何培养孩子的阅读兴趣、如何培养孩子的语文表达能力。而且,她常列举小学的事例告诉我们阅读的重要性。她说:"阅读的兴趣决定了语文成绩的好坏,如果不会阅读,那么语文成绩就不会优秀。"小阳妈妈还给我推荐了一些教育的书刊,例如《朗读手册》,这本书让我了解到指导孩子阅读是一件循序渐进的事,也让我在指导孩子阅读时更有策略。

在幼小衔接工作中,我邀请她以小学老师和家长的双重身份谈谈如何帮助孩子顺利适应小学生活。她以自己孩子为例,为家长们开展了生动的讲座,让大家在这个问题上少走了很多弯路,也为我以后再次组织幼小衔接活动提供了很好的参照。我和家长们都为班上有这么一位良师益友而感到自豪。

从家长的角度看问题

有的老师常常感叹为什么家长总爱挑毛病,总是说这个不好,说那个不对。其实世界上没有完美的事,我们的幼教工作也是如此。可是身为老师,我们每天重复相同的工作,很难发现自己的不足之处。此时,我们不妨和家长换个角度,在家长开放日邀请他们仔细观察班级保教工作,用不同的视角为班级管理、日常保教工作献计献策,这也是一种向家长学习、完善幼教工作的好方法。

记得十几年前，消毒柜还没有普及，幼儿园就更谈不上使用了，只是用开水烫毛巾、茶杯来消毒。孩子们很容易生病，常常一个感冒，就会传染一群。一次家长开放日里，一位从海外归来的妈妈认真地提醒我们这种消毒方法不正确，在集体中，应使用消毒柜消毒。从那时起，幼儿园给每个班配备了消毒柜，只是每个班几百元的投入，却大大降低了流行性疾病的发生几率，这应该感谢那位观念超前的家长。

案例中的教师善于发现家长们的优势，如体育特长、网络应用特长、阅读教学特长，而这些又恰恰是幼儿教师需要掌握的。人不可能是全能的，案例中的教师用"取人之长，补己之短"的方法弥补了自身的不足，和家长们共同努力使班级工作进一步完善。

另外，教师谦虚的学习态度改变了传统的教育观念，这种方式不但增加了家长的教育理论知识，还可以调动家长的积极性，提高了家长参与幼儿教育的兴趣，有利于形成教育合力，促进家长与教师之间的合作。

 **教育策略**

一、多观察多沟通

每位家长都有与众不同的优点，都有值得我们学习的地方。教师要做个有心人，通过与家长的沟通交流发现家长的长处。在沟通中了解家长、理解家长，也请家长理解我们的工作，愿意为全班孩子的健康成长尽一份力量。

二、博采众家之长

要成为一名优秀的教师，就要有谦逊的美德，善于发现别人的长处，虚心学习别人的优点，只有这样才能"积小善为大善，积小能为大能"。如果我们不能摆正自己的心态，忽视了生活中的老师，那就会失去很多汲取营养的机会。

我们可以向家长们学习他们的一技之长，然后应用于自己的教育教学工作中，也可以发挥不同职业家长的职业优势，为班上的孩子创造更有利于成长的学习、生活环境。除此之外，我们还可以得到更多启发：常去福利院做义工的家长，我们可以感受到他的爱心；知识渊博的家长，我们可以学习他对知识的热爱。这些都会提升教师的个人修养，增强教师的人格魅力。

三、树立家长的主人翁意识

向家长们请教、与家长们交流，可以让他们直接感受到来自教师的诚意，引发他们树立主人翁意识，把班级的事当作自己的事，乐于为班级做贡献，乐于关心爱护班里每一个孩子，让班级更有凝聚力，这也为我们共同做好家园工作打下良好的基础。

延伸与讨论

您发现班级孩子的家长有什么特长吗？您利用家长的优势开展过哪些活动？请尝试着对家长的专业特长做进一步的统计，并思考如何向他们学习以及如何发挥他们的特长为班级服务。

（安徽省政府机关幼儿园　郭　凡）

2. 美好的第一印象

阅读指引

1. 新教师在做家长工作时由于经验不足，会出现这样那样的问题，这是新教师的必经阶段。

2. 对家长工作的足够重视是新教师做好家长工作的前提，另外，工作的细致和沟通的技巧也非常重要。

3. 给家长的第一印象至关重要，要充分重视。新教师还要通过自己的不断学习和实践逐渐获得家长的配合与信任。

新教师刚走上工作岗位，经验不足，一般来说在与家长交往的过程中都会或多或少地遇到一些难题。新教师给家长留下美好的第一印象是非常重要的，美好印象的形成会使家园工作取得事半功倍的效果。这取决于教师对家长工作的重视，与家长接触时的自然、得体，以及一些基本的沟通技巧。

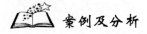 **案例及分析**

转班事件

小张老师刚到幼儿园工作才半年，各方面表现都不错，平时工作认真负责，很喜欢和孩子在一起，但因害怕在家长面前说错话而引起误会，所以与家长交流不多，家长就觉得她很冷漠，对她的工作能力产生了怀疑。加上每次家长主动询问孩子情况时，她总是用

"挺好的"、"还可以"之类的话带过，家长就感觉老师在敷衍自己，对自己的孩子不够关心，渐渐地就不愿意找她沟通。而小张老师觉得不用面对家长感到更轻松，就索性把与家长沟通的工作留给主班的老教师，专心做好自己的教学工作，可家长对此并不了解。一次对家长开放的活动点燃了家长们对她不满的怒火。

年轻女孩子平时特别爱打扮，在这次对家长开放的活动中，小张老师想给家长留下青春靓丽的印象。她上身穿着短短的 T恤，下身穿超短裙，带着孩子们喊着口号一起来到操场上。这时正好有个小朋友找不到自己做操所站的位置，小张老师害怕耽误别的小朋友做操，就急忙拽着他的衣服把他送到自己的位置，这位小朋友的家长看见了马上脸色就不好看了。当音乐响起时，小张老师才意识到自己今天的着装是多么不合时宜，做操时既不能弯腰也不能下蹲，显得既不方便，也不文雅。而旁边班级的露露老师也是一位新教师，她身上穿着一身黄色运动装，脚上穿着运动鞋，正笑容满面地带着孩子们做操。家长们就在一旁窃窃私语，议论纷纷。

活动过后，那位家长就要求把孩子转到露露老师的班上，幼儿园领导了解了家长要求转班的原因后，就把老师平时的工作情况和家长进行了交流，让家长放心。接着园长和小张老师进行了一次谈话，交流了想法。此后，小张老师认真进行了反思，由于自己平时与家长沟通得不够，没有取得家长的信任，给家长留下了不好的印象。认识到家长工作的重要性以后，她主动向老教师请教经验，然后在工作中尝试运用这些经验，争取得到家长的充分信任和支持。

案例中小张老师的经历可谓刻骨铭心，也具有典型性，是新教师身上容易出现的问题，应努力加以避免，值得深入分析。

一、对家长工作重视不够

案例中的小张老师简单地认为自己的本职工作就是做好常规的保教工作，家长工作并不重要，没有意识到只有做好家长工作，取得家长的信任与支持，才能使家园更好地合作，促进幼儿整体、和谐地发展。由于她和家长交流沟通时不积极，采取逃避的态度，给家长留下了不好的印象。

二、自我反思，加快成长

新教师初上岗位，经验欠缺，须时刻反思才能尽早发现工作中的问题与漏洞。小张老师在转班事件发生后进行了反思，认识到问题所在，调整自己的行为，向有经验的老教师虚心请教，加快了自身的专业成长。

三、展示自我，取得家长信任

家长普遍都会对新教师的工作能力产生怀疑，面对这一问题，新教师除了要积极地向老教师学习以外，还要积极主动地与家长沟通，并且不卑不亢。

面对家长的不信任，新教师不必耿耿于怀，应该利用一切机会展示自我，让家长看到自己的长处，肯定自己的工作能力，从而取得家长的信任。案例中的露露老师平时与家长沟通就很热情，这为她奠定了良好的基础，在活动中，家长看到了她工作的细致之处，对她更加信任。

四、学会观察孩子

新教师工作不久，很难游刃有余地胜任工作，也没有足够的精力和经验来照顾每个孩子，详细地了解每个孩子的情况，所以在与家长交流孩子的情况时，就不知道该和家长说些什么。案例中的小张老师就是因为对孩子的观察、了解不够，导致家长对她工作的不信任。但经验是慢慢积累起来的，新教师可以先重点关注一些典型的案例，如当天身体不舒服的孩子，攻击性强的孩子，性格内向的孩子等等。这样，老师可以有目的地观察孩子，发现问题，在与这些孩子的家长沟通时就会有话题，与家长一起解决孩子身上的问题。

 **教育策略**

一、思想上重视家长工作是前提

新教师应从思想上重视家长工作，不必因为家长对新教师工作能力的怀疑而沮丧，更不能因为自己是新教师而过分依赖老教师，不与家长沟通。要主动出击，在实践中积累经验，把教育教学与家长工作看成一个整体。

新教师要克服胆怯、害羞的心理，从简单的事情做起，在家长接送孩子时用一两句话向家长说说孩子的情况，具体讲讲今天或最近孩子都有哪些好的表现和进步，如"今天××上课表现很好，主动回答问题。""今天××吃了两碗饭。"尽量运用细节性的描述和具体的例子，而不是笼统地评价"很好"、"不错"。家长都希望能从教师那里了解孩子在园的情况，当教师积极主动地把孩子的表现具体地、全面地向家长反映时，家长会觉得教师能了解得这么细致，确实很用心，从而肯定教师的工作。

二、细节决定成败

幼儿园的工作相对来说是比较琐碎的，与家长沟通时也需要我们从细微处入手，做好每个细节。

1. 真诚的微笑

友好的态度很重要，学会微笑是一名新教师的必修课之一。甜美的微笑可以感染家长和孩子，拉近双方的距离，使他们感到温暖、亲切，更易于老师与他们交流。面对老师真诚的微笑、热情的接待，无论多么僵冷的气氛都会被融化。

2. 主动向家长打招呼

俗话说："一回生，二回熟。"对于家长来说，老师先开口向对方打招呼，说明你将其置于一个较高的位置。以谦恭热情的态度去对待对方，一定能叩开相互沟通的大门。如果你能用亲切的目光正视对方的眼睛，就会给家长留下深刻的印象，增强对你的信任。

3. 注意肢体动作的运用

在沟通过程中注意自己的动作，确保它与语言相配合，并起到强化语言的作用。人们往往更相信自己看到的，每个家长都很关注教师对自己孩子的态度，所以教师的动作不能有半点疏忽大意，要重视非语言行为的作用。

三、学习有效沟通的方法

1. 熟悉每一位家长

每个家长对老师的态度不尽相同，新教师与家长交流时，要学着换位体验，揣摩家长的心理，注意哪些话该说，哪些话不该说。在与家长沟通前，最好先想一想家长可能会有怎样的反应，会问哪些问题，会持怎样的态度，并思考合适的应对策略，尽量做到掌握全面信息和交流的主动权。然后根据这些信息及时、客观、全面地向家长反映孩子的情况，与家长共同商量如何更好地教育孩子，这样才能赢得家长的信任、理解、合作。

2. 采用多种沟通方式

除了一些口头沟通，还可利用书面沟通，并配合一些其他方式，如家长园地、电话、网络等。新教师要多利用这些沟通手段，和每位家长真诚沟通，引导家长成为我们的教育合作伙伴，以保证孩子健康成长。

延伸与讨论

1. 当你还是一位新教师时，在与家长的沟通交流中，有什么可以与我们分享的故事和经验吗？

2. 你认为决定新教师给家长留下美好印象的关键因素是什么？

（安徽省合肥市长江路幼儿园　邓亚男）

3. 用微笑迎接家长

1. 微笑是缩短教师和家长之间距离的最好方式，是教师和家长沟通交流的润滑剂。

2. 微笑是热爱孩子、热爱事业的表现，是发自内心的情感流露，应成为幼儿教师的职业习惯。

3. 幼儿教师也有烦恼，用微笑来化解烦恼，勇敢地把真实的想法表达出来。

微笑，充满了神奇的力量。有人说，它是一种无声的语言，交流的工具；有人说，它是最美的表情，是教师与家长沟通的最便捷的桥梁；还有人说，它是照耀在家园合作百花园中的一缕阳光，让心温暖，让心贴近，让心凝成一股合力。

 案例及分析

玲玲老师的微笑

每当主班时（幼儿园有主班、配班之说），玲玲老师总是面对着教室大门，安静地坐在钢琴凳上。有孩子来了，家长说："快喊老师好！"孩子便甜甜地叫一声："老师好！"而玲玲老师却总是面无表情地应一声"你好"，身子却依然坐在琴凳上。

如此这般，渐渐地，家长来园时便不再要求孩子与老师打

招呼了。有什么事情时，家长也总是绕过玲玲老师去跟班上另一位老师交流。更糟糕的是，有些家长实在忍受不了玲玲老师的"目中无人"和"冷落"，纷纷跑去找园长，要求换老师。

园长在了解了事情的原委后，找玲玲老师进行了一次开诚布公的谈话。园长首先肯定了玲玲老师工作的认真和努力，接着又指出了她的木讷和不苟言笑可能对家长造成了伤害，同时，也提出了改进的建议。

玲玲老师静下心来反省自己的行为，并留意观察、揣摩那些深受家长欢迎的教师是如何待人接物的。她从中发现了一个秘密，那就是微笑。

从那以后，玲玲老师带班时便天天站在教室门口，用微笑迎接每一位家长。别说，这微笑还真是神奇。玲玲老师欣喜地发现，家长开始接纳她，喜欢她，有事也愿意跟她交流了。

陈鹤琴先生曾告诉我们："一个满脸笑容的教师，大家都会喜欢。"的确，在最初的交往过程中，微笑着的教师能给家长留下美好的第一印象。微笑虽无声，却诠释了一个幼儿教师"为人师表，礼貌待人"的良好形象。

人的心灵是最敏感的，家长也不例外，他们对教师的举动是十分敏感、非常在乎的。假如老师能用微笑面对家长，而且态度亲切、和蔼，家长就会感到友好和温暖，就会开心地认为"老师喜欢我，肯定是因为我的孩子表现好"、"老师爱我的孩子"、"把孩子交给这样的老师，我放心"。这样，家长也会面带笑容，主动与你接近，向你敞开心扉，乐意听你的话，愿意支持你的工作，教师与家长之间就会洋溢着和谐美妙的气氛。这有助于双方互敬互学、互帮互助，让配合施教变得轻松愉快、富有成效。

反之，像玲玲老师当初那样，表情冷漠、态度怠慢，就会令家长心情沮丧，胡思乱想："老师这是怎么啦？""莫非是我的孩子在幼儿园表现不好，令老师讨厌了？""老师不喜欢我的孩子，孩子在幼儿园会不会受冷落啊？"这些潜藏于心底的感受，会扰乱家长的心境，令家长不放心。

也许有些家长原本还打算跟玲玲老师沟通一下，了解孩子的真实情况，但一看见老师那冷若冰霜的脸，便立刻打消了这个念头。

此外，家长的坏情绪很容易传递给孩子，会在孩子心中留下难以抹去的痕迹，产生不良的影响。一旦孩子和家长一样，对老师产生了不良的印象，再想改变就十分困难了。

 **教育策略**

一、学会微笑应是幼儿教师的必修课

微笑不同于开怀大笑，它虽然没有声音，却奥妙无穷。它能向对方传递友好、善意和真诚，具有一种无孔不入的神奇力量，能超越陌生的隔阂，拉近心与心的距离，让人际交往变得顺畅。只有热爱生活、热爱本职工作的人，才能拥有落落大方、恬静优雅的微笑。微笑不仅是愉快心情的反映，也是一种礼貌和涵养的表现，它可以让人变得美丽，令观者心生好感。幼儿教师应该学会微笑，让微笑成为一门必修课。

二、用微笑迎接每一位家长应成为幼儿教师的习惯

家长把自己最心爱的孩子托付给我们，对我们怀有一份天然的期待和难得的信任，仅凭这一点，我们就应该心存感激。真诚的微笑是世界上最单纯、最贵重的礼物，幼儿教师应把它无私地送给家长，让自己的微笑绽放在每一个清晨，成为照亮家长心房的一缕阳光。让家长一天的好心情，从看见老师的微笑开始。

如同太阳让地球上的万物都沐浴着光芒一样，教师也应该用微笑迎接每一位家长，把真诚和温暖献给他们，不论这个家长学识是高还是低，是有地位的还是普通百姓，是容易沟通的还是怪异难缠的。因为他们的孩子进了你的班，成了你的学生，家长便自然而然地成了你的合作伙伴，既然是合作伙伴，老师就应该善待家长，用微笑来迎接家长。

当然，要做到这一点，不是件容易的事，但这恰恰是家长和社会对教师的基本要求。细心的教师可能会发现，当教师和家长相处融洽时，孩子也会表现得活泼可爱。所以，教师要用微笑迎接每一位家长，让家

长从你的微笑中感觉到真诚和温暖，体味到美好和快乐，进而放心、舒心。

三、带着微笑迎接风雨和阳光应是幼儿教师的基本素养

大家可能有过这样的情感体验：当你身心愉悦时，微笑待人很容易；而当你身心俱疲、苦恼烦闷，甚至是悲伤难受时，再让你微笑着去面对他人，便会觉得格外艰难。然而，我们是教师，从事着一项特殊而又高尚的职业。教师的喜怒哀乐直接影响着家长和孩子的感受，所以，我们要努力修炼身心，增强自控能力，理智控制不良情绪。要知道，一个整天板着面孔、脾气怪异、喜怒无常、缺乏自制力、没有涵养的人，是不宜从事幼教工作的。

四、用微笑启迪童心应是幼儿教师的天职

一个人一旦选择了教师这个职业，就已经处于为人师表的位置上了。作为孩子成长过程中的引路人，教师与孩子朝夕相处，为了在他们幼小的心灵上烙下真善美的印记，教师要绽放真诚的笑容。教师的微笑越灿烂、越真诚，在孩子纯洁的心灵里滋生的美好事物就会越美好、越丰富。

延伸与讨论

　　作为教师，你认为用微笑迎接每一位家长有必要吗？在工作中，你是否经常面带微笑？说一说你的微笑故事。如果没有，赶紧试试吧。

（安徽省政府机关幼儿园　王　燕）

4. 短暂而有效的沟通

阅读指引

1. 虽然入园和离园时与家长的交谈时间短，但同样要予以重视。

2. 面对家长的询问，教师要尽可能地介绍孩子的一些具体表现，避免泛泛而谈。

3. 教师要善于运用自己的专业知识引领家长，要及时反思、分析每个孩子的行为表现。

幼儿园与家庭的沟通协调，既有像家访、家长会等有计划、有组织的沟通形式，也有一些比较随机的沟通方式，如每天入园和离园时与家长短暂的交流，这种沟通比较便捷，更能满足家长的个别需求。但很多幼儿园教师并没有意识到这种沟通交流方式的重要性，与家长的沟通显得比较随意，这会大大影响沟通的效果。幼儿园教师若能掌握沟通技巧，将会取得事半功倍的效果。

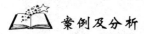 **案例及分析**

一次离园时的简单沟通

离园时间到了，家长们陆陆续续地把孩子接走了，扬扬妈妈并没有急匆匆地离开，而是带扬扬一起欣赏贴在墙上的孩子们画的画。等孩子们走得差不多了，扬扬妈妈走进活动室和班主任张老师一起聊了起来，她想了解一下近阶段扬扬在幼儿园的表现。

扬扬妈妈笑眯眯地问道："张老师，扬扬最近表现怎么样?"张老师拿了把椅子让扬扬妈妈坐下，并给她倒了一杯茶，自己则坐在扬扬妈妈的对面，看了看正在一边玩耍的扬扬，微笑着说："扬扬很乖，现在上幼儿园也不哭了，生活自理能力也有了提高。"

"哦，这样的话太好了，扬扬在家什么事情都要大人帮忙。"扬扬妈妈的话里透着一股喜悦之情，"我们希望扬扬在家里时，也能自己的事情自己做，可是她总是不愿意，有时还要发脾气，我们都不知道该怎么办才好。"

张老师笑了笑，深有同感地说："小孩子在家里和在幼儿园里就是不一样，这很正常，我女儿也是这样的。"

扬扬妈妈点点头，又问道："在其他方面，扬扬表现得怎样? 和小朋友相处得怎样?"

"扬扬在绘画方面显得比较生疏，她不够大胆，不敢画。"张老师从画纸里找出扬扬的画给扬扬妈妈看，"涂色的技巧也比较欠缺，所以在家里要让孩子多练习。"

扬扬妈妈看了看扬扬的画，又看了看其他孩子的画，摇摇头说："其他小朋友画得真好，我们扬扬画得太糟了。"扬扬妈妈叹了一口气，话语中透露着失望。

看着扬扬妈妈略有失望的神情，张老师连忙安慰道："孩子还小，孩子的潜力是无限的，过一段时间你会发现，扬扬的画画本领会有很大的进步。"

"在交往方面，扬扬显得比较文静，不太主动和小朋友一起玩，喜欢自己玩玩具，在家里怎样?"张老师问道。

"扬扬在家里很活泼的，经常为我们表演唱歌、跳舞，还会扮演爸爸妈妈呢，怎么在幼儿园会这样?"扬扬妈妈透露出了一丝焦虑。

张老师安慰扬扬妈妈："孩子在幼儿园的表现和在家里的表

现是会不一样的，没关系的，我们会慢慢引导扬扬的。"

扬扬妈妈听了，点点头，礼貌地说道："谢谢老师。"

本案例中，张老师与扬扬妈妈的沟通交流，有一定的可取之处，但也存在着一些不足。

一、可取之处

1. 营造宽松的氛围，平等对话

尊重家长是良好沟通的首要条件，在本案例中张老师礼貌地接待扬扬妈妈，给扬扬妈妈搬椅子、倒茶水，营造宽松的对话氛围，同时以平等的身份与家长交流，尊重家长，倾听家长的想法和困惑，让家长从心里对老师有了亲切感和认同感，为进一步沟通打下良好的基础。

2. 善于捕捉家长的情绪与神情，积极反馈

在与家长的沟通中倾听是很重要的，尤其是刚入园幼儿的家长。从熟悉的家庭环境到陌生的集体环境，孩子的情绪是否稳定，集体生活是否适应，学习游戏是否自主，这些都是家长关心的问题。张老师在与扬扬妈妈的沟通中始终耐心、仔细地倾听，并能及时捕捉家长的情绪与神情，当感受到扬扬妈妈失落、失望时，张老师马上安慰家长，及时化解家长焦虑的心情。

3. 客观评价，如实反映

在与扬扬妈妈的沟通中，张老师首先肯定了扬扬进步的方面，比如孩子入园后情绪日趋稳定，生活自理能力有了提高等，然后再向家长提出扬扬比较欠缺的方面，如涂色技能较薄弱，交往方面缺乏主动等。张老师对孩子的评价能从孩子的实际情况出发，没有一味地表扬或批评，而是真实地向家长反映孩子的情况，有利于家园之间的配合。

二、不足之处

1. 沟通内容宽泛，没有针对性

在与家长的沟通交流中，张老师虽然能从实际情况评价孩子，反映孩子当前的状态，但是反映的内容比较宽泛、笼统，缺乏具体细致的表

述，缺乏针对性，让家长对孩子在园情况的了解比较模糊。比如在生活自理能力方面，张老师可以从进餐、盥洗、午睡、生活习惯等方面向家长进行具体的描述，提出孩子进步的地方，同时也向家长提出还需进一步加强培养的方面。

2. 对于家长提出的困惑，未能予以关注

在与老师的沟通中，扬扬妈妈多次提到她的担心与忧虑，例如：在家里孩子处处都要大人帮忙，不愿自己的事情自己做，家长不知道该怎么办；为什么孩子在家里很活泼，在幼儿园里却比较拘谨？张老师能耐心地倾听，安抚家长焦虑的情绪，却未能予以真正的关注，未能运用自己的专业知识帮助家长分析原因、提供建议。

与家长相比，教师是专业的教育工作者。当扬扬妈妈看到扬扬的图画纸而产生焦虑的情绪，听说扬扬不能大胆地与同伴交往而感到不安时，张老师未能根据孩子的年龄特点来帮助扬扬妈妈分析情况，也未能用专业知识来给扬扬妈妈提出可行的建议与措施。

 教 育 策 略

一、及时把握家长信息，确定重点沟通内容

在与家长的沟通交流中，教师要根据孩子的行为表现以及自己所观察到的信息进行整理与分析，有重点地进行交流。这种沟通如果由教师发起，往往较有针对性，但如果是家长发起的，可能随意性较大，沟通常常流于泛泛而谈。这时就需要教师准确判断家长最感兴趣、最关心的内容，并进行有重点的介绍、交流；教师也可以根据平时对孩子的观察、了解，向家长重点介绍孩子的某些变化；教师还可以利用这个机会向家长提出需要进一步配合的地方，而不是做一个笼统的概述。

二、关注家长的问题，用专业知识引导家长

许多家长对孩子的年龄特点不了解，而教师是有一定育儿知识的专业人员，因此当家长提出一些育儿的问题或者困惑时，教师应予以关注，用自己的专业知识引导家长，让他们了解孩子的身心特点与年龄特点，

更新教育观念，提出合理、可行的建议与措施，帮助家长掌握科学的育儿方法。

三、以"换位"的思维方式与家长沟通

许多年轻教师没有为人父母的角色体验，有的即便做了父母，在与家长沟通时也会遇到难以达成共识的局面，这就要求教师了解父母的角色，并从父母的角度去体会家长的心情与需求。当教师与家长有了一致的体验与感受时，家园沟通就会顺畅、有效。

四、充分发挥语言艺术的魅力

教师和家长沟通时要讲究谈话的策略性和艺术性，把谈话建立在客观、全面的基础上。要让家长相信我们，尊重并听取我们的意见，要让家长感受到教师在关注自己孩子的成长和进步。同时，要抓住时机向家长了解孩子的情况，以请教的态度耐心地听取家长的意见，使家长产生信任感，乐意与教师进行充分的交流，从而达到教师预期的目的。

延伸与讨论

在每天的入园和离园时间段里，一般较为忙碌，甚至有些混乱。这时，如果有家长想就孩子的情况与你沟通交流，你会怎么做？

（上海市浦东新区南门幼儿园　杨　莉）

5. 多报喜，巧报忧

阅读指引

> 1. 讲究与家长沟通的艺术，有助于收获沟通的成效。
> 2. 怀着一颗宽容的心，赏识每一个幼儿，包容他们的缺点。
> 3. 面对家长，学会换位思考。

家园沟通是一门艺术，需要教师不断深入地探究方法和策略。"多报喜，巧报忧"可谓家园沟通的良策之一。

所谓"多报喜"就是教师要多向家长介绍孩子的进步，分享孩子的快乐成长。当然，这个"喜"不能无中生有，应和幼儿快乐成长的核心要素相关联，它不仅需要教师用敏锐的眼光来捕捉，更依赖教师用心去感悟。当教师能做到用爱心去观察教育对象，用对教育的执著去反思自己的教育行为时，便不难发现每个幼儿可贵的闪光点。

所谓"巧报忧"是指如何巧妙地向家长"告状"，"告状"是不讨好的事，弄不好会自讨没趣。问题的关键不是报什么忧，而是怎么报忧。"巧"源自教师的责任感。教师从关爱每个幼儿的健康成长出发，客观地提出问题，就事论事地分析问题，诚恳地与家长交换意见，共同商榷教育良策。当家长真切感受到教师对幼儿成长负责时，他们不仅会接受"告状"，还会更加积极主动地配合幼儿园的工作。

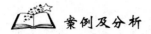 案例及分析

王老师的转变

王老师是一位缺乏工作经验的新老师，一次与家长打交道的经历让她印象深刻。小宇是班上的"调皮大王"，他经常搅得班上不得安宁，不是抓抓女孩子的小辫，就是推撞别人……每当小宇"犯错"，王老师就向他妈妈告状。刚开始，小宇妈妈很配合，也很着急，期望老师能教育好自己的孩子。但随着老师告状次数的增多，小宇妈妈开始感到疑惑了："为什么老师总是说我的孩子不好，难道每次都是我儿子的错吗？"渐渐地，小宇妈妈对老师的态度也有了变化。

终于有一天，小宇妈妈送孩子入园时很生气地告诉王老师："彤彤打了小宇。"当时王老师的第一反应是：彤彤从来不打人，可能是有什么误会。于是，等小宇妈妈走后，她便把彤彤和小宇喊来了解情况。彤彤解释道："我是不小心碰到小宇的。"王老师向小宇核实："彤彤是不是不小心碰到你的呀？"这话恰巧被折回教室的小宇妈妈听到了，她很生气地说："老师怎么能这样问孩子，我家孩子打人了你就告状，现在他被别的孩子打了，你却这样问他，对我家孩子公平吗？"小宇妈妈怎么也听不进去王老师的解释。此后几天，她把自己的遭遇告诉别的家长，说王老师对孩子是如何不公平，弄得王老师工作很被动。

在配班老教师的提示下，王老师意识到：在每个家长的眼里，自己的孩子是最优秀的，自己频繁地告状会让家长产生抵触情绪。随后，王老师重新调整自己的工作方法，并尝试改进。

王老师没有计较小宇妈妈的态度，而是更加关注小宇。小宇喜欢讲故事，她就创造机会让小宇表现自己的特长，鼓励小朋友和他交朋友，当他连续几天不打人或帮助小朋友时，王老师就及时地向小宇的家长报喜。即使小宇犯错误有必要与家长沟通，王老师也不再是指责孩子或抱怨家长教养方法不当，而是站在关心幼儿身心健康成长的角度，先分析幼儿出现行为偏差的原因及其影响，再与家长探究解决问题的方案，或理性地

给家长提出教育意见和建议。如此"报忧"，家长不仅乐意接纳，并且非常感激。小宇的妈妈也因此消除了误会，积极配合王老师开展家长工作，还主动承担了班级家长委员会工作。

案例中，王老师的"告状"行为是出于对孩子负责，但由于新教师缺乏经验，对孩子的关注不够全面，以致与家长交流中让家长感觉教师看到的都是孩子不好的一面，心里产生疑惑和不满，与教师配合的意愿也大打折扣。在处理具体问题时，如果教师让家长感到不公，会让家长误认为教师对孩子偏心。可贵的是，王老师意识到了自己工作方法上存在的问题，并及时调整沟通策略，及时反映孩子的长处和进步，再从关心孩子成长的角度和家长交流孩子的行为问题，易于被家长理解和接受。

 **教育策略**

一、学会换位思考

家长都很在意教师对自己孩子的评价，期望自己的孩子得到教师的赞许，因为在每个家长的眼中自己的孩子都是最优秀的。因此，教师应学会换位思考，站在家长的角度关注幼儿，赏识幼儿，发现幼儿的点滴进步。当家长真切体会到教师关爱自己的孩子，并能与自己共同分享孩子健康成长的喜悦时，家长便会主动地与教师交流孩子的在园表现。

二、切忌横向比较

教师与家长交流孩子的情况时，切忌随意拿别的孩子来进行横向比较。每个孩子都有自己的优点，说别的孩子好，家长会觉得自己的孩子处处不如人，说别的孩子不好，家长也会怀疑老师在别人面前会不会也这样说自己的孩子。教师要纵向比较，看到每个孩子的进步与不足。这样，既真实反映了孩子的成长变化，也让家长认识到教师对自己孩子的了解和关注是全面、客观的，也就更愿意接受教师的建议，积极配合教师做好孩子的教育工作。

三、学会"巧报忧"

向家长反馈幼儿的在园表现时，教师"只报喜不报忧"也是不负责任的。但对于"护短"的家长，教师还应该学会"巧报忧"。教师不要一见到家长就严肃地罗列幼儿的问题，使得家长很难为情。教师更不可以专家自居，不能就事论人，将孩子"一棍子打死"，或贴上不合理的"标签"，让家长感到教师是不喜欢自己的孩子的。

教师可以先创造良好的谈话氛围，委婉地指出幼儿出现的问题，再谦和地与家长共同探讨矫正方法。只有让家长感受到教师的批评是善意的、公平的，才能让家长欣然接受。在沟通交流中，教师要耐心解答家长在教育孩子的过程中所遇到的困惑、疑虑，给家长提出一些切实可行的建议，不要只会空洞地说教。

四、表扬、批评要区别进行

与家长沟通交流，教师要把握多表扬少批评的原则，而且表扬、批评要区别对待。一般来说，家长对于教师表扬孩子都是乐于接受的，这时的反馈可以公开化；而对于教师的批评，家长和孩子都会有些顾虑，这时的反馈就应该比较隐蔽地进行，不宜公开。

另外，不论是"报喜"还是"报忧"，教师都要遵循及时、具体的原则，"报喜"和"报忧"都要具体化，要针对具体事情进行沟通交流，尽量不做笼统的评价，否则会让家长感到教师是在敷衍自己，产生对教师的不信任。

延伸与讨论

1. 你向家长反馈幼儿的在园情况时采用了哪些方式？家长喜欢吗？

2. 你是向家长报喜多还是报忧多？在报忧上通常是怎么做的？请谈谈印象深刻的例子。

（安徽省合肥市安庆路幼儿园　刘乐珍）

6. 心平气和地对话

阅读指引

1. 孩子之间的矛盾要及时处理，并与配班老师交代清楚，以便给家长一个明确的态度和处理意见。

2. 与家长进行对话，教师要抱着共同解决问题的态度，不要以专家自居。

3. 教师在谈话时要学会倾听，了解家长的真实想法，这样才有利于双方进行沟通。

家庭教育与幼儿园教育越接近，产生的教育合力就越大，效果就越显著。要使家长的教育配合学校教育，保持一致性，关键在于老师与家长的联系，形成学校—家庭的教育统一战线。要建立统一战线，老师应该注意与家长交流的内容和形式。同样一件事情，由于表达方式不一样，其效果截然不同。

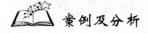 案例及分析

弄坏眼镜引起的误会

早晨我在上班的路上就接到配班老师的电话，说明明的妈妈很生气，为一副眼镜的事发了一通脾气走了。我想起了昨天发生的事：课间，明明和宸宸互相打闹时，无意间明明碰到了宸宸的眼镜，因为螺丝松了掉了一条眼镜腿。快到午餐的时间

了，我担心批评幼儿会影响他吃饭时的情绪，所以只是在明明来端饭时问了一句："刚才你是不是弄坏了宸宸的眼镜？"他说："是的，回家让妈妈赔。"我说："对呀，弄坏别人的东西是要赔的。"本想等幼儿午睡的时候把它修好，可是临时有事，走得急，也忘了跟配班老师说一声，看来是我的疏忽造成了一些误会。

到了班上，配班老师告诉我，明明妈妈来送明明时生气地说："凭什么要我们赔300元钱？明明回家说根本不是他碰的！老师还把我们家孩子骂了一顿！"我感觉事情不太对劲，赶紧找来宸宸问。原来明明妈妈昨天来接孩子时，宸宸上去就说："阿姨，明明把我的眼镜弄坏了，要赔300元钱。"明明妈妈没拿孩子的话当回事，去问配班老师，她也没弄清楚事情的经过，只是说弄坏了其他小朋友的东西就应该赔偿。明明妈妈没了解到真实情况，就说了一句："还不一定是我家孩子弄的！"

看来，确实是因为我没有及时处理而造成了这次不必要的误会。我主动给明明妈妈打了一个电话："你好！明明妈妈，昨天的事我没有及时跟你说，对不起。可能有点误会，下午来接孩子的时候我再详细和你说，好吗？"听我这么说，明明妈妈的语气也缓和了很多。

下午，明明妈妈来的时候，我没有急于向她解释，而是先请她说说孩子回家后是怎么说的。从她的叙述中，我听出孩子回家后因害怕受到责骂而撒了谎，结果家长以为自己孩子受了委屈，所以非常生气。听完明明妈妈的叙述，我把当时的实际情况讲给她听。讲清楚事情的经过后，我们一起分析："幼儿的东西被别人弄坏了，他心里会怎么想？""宸宸来告明明的状，他希望得到什么？作为一个孩子，成人的态度会使他感受到什么？""我们希望别人以什么样的态度对待自己的孩子？""家长的态度会给孩子什么样的暗示？我们希望自己的孩子将来成为一个什么样的人？"……

通过心平气和的分析、对话，明明妈妈意识到家长对孩子的暗示作用，认识到作为家长，首先要多方面了解情况，不能听信孩子的一面之词，要查明事情的原委。该赔偿的一定要赔偿，不管钱多钱少，让有错的孩子有责任感、有担当、勇于承担，而不是遇事逃避、推卸责任。这件事不只是赔不赔钱的问题，其中隐含了对幼儿的道德品质的教育。

这次对话，让我和明明妈妈达成了共识，原先的误会也随之消除。在后来的日子里，她对我们的工作也表现出更多的信任和配合。

案例中，由于老师没有及时地告知家长事情的经过，也没有在事情发生后及时地和孩子沟通并妥善处理，造成家长的误会。孩子为了逃避家长的责骂和惩罚而说谎，又加深了家长与老师之间的误会。

作为教师，在事情发生后，能考虑到午餐时间不宜批评幼儿是正确的，但是在午饭后却没能及时地将事情进行处理，让幼儿知道该怎么解决问题。另外，在和配班老师交接班时，老师没有将这件事情交代清楚，使家长无法在第一时间从教师那里了解到事情的真相。

不过，让人欣慰的是，在了解到家长的不满情绪后，教师能保持冷静的态度，认识到自己工作中的不足，并主动与家长进行交谈。在交谈中，教师能心平气和地倾听家长的叙述，让家长的不满情绪得到释放，为后面的沟通做了铺垫。另外，教师能和家长就幼儿交往中的问题共同分析，让家长感受到教师的真诚、对自己的尊重、对幼儿的关爱，从而积极地与老师交流，共同分析幼儿行为背后的原因，探讨有效的教育策略。家长能从思想深处接受教师的观点，不仅解决了当前的问题，还为今后的家园合作奠定了基础。

教育策略

一、营造平等的对话氛围，学会倾听

教师与家长之间是平等、合作的关系。要营造一种平等的氛围，使双方在心理、感情上接近和融洽，这是合作的基本前提。既然要创造良

好的氛围，教师就应该从心里接纳家长。虽然家长各不相同，有些家长护短，不愿意听到老师批评幼儿，遇到幼儿犯错也会想方设法给孩子开脱；有些家长不自信，害怕与老师沟通交流；还有些家长有自己的一套教育观念，会对老师的工作进行挑剔……不管是什么类型的家长，不论遇到什么误会、受到什么委屈，教师一定要保持冷静的头脑，并且在与家长交流时营造平等的氛围，让家长感受到教师对他们的尊重，拉近双方的距离，为达成一致创造条件。

法国一位教育家曾说过："21世纪最困难也是最有价值的事是让教师闭上他的嘴！"此话很值得深思。我们在与家长交流的时候，总是情不自禁地说得多、听得少，好像只有这样才能表明自己是多么关心孩子，而且说的时候，不自觉地表现出"我是搞教育的"、"我是专家"的凌人气势。等老师讲完了，家长的耳朵也塞满了，原先准备的话也没法说出来，也不敢说出来。其实，如果老师能够心平气和地与家长对话，通过倾听捕捉到对幼儿工作有价值的信息，我们的工作会更加愉快、有效，更能得到家长的欢迎和支持。

二、客观、全面、公正地评价每个幼儿

每个家长都"望子成龙，望女成凤"，假如教师向家长过多地列举幼儿不好的方面，会严重挫伤家长的自尊心，造成一种"无药可救"的印象。这不仅无助于问题的解决，也是一种极不合理、极不负责任的做法。即使幼儿犯了错误，教师也要就事论事，不要因此让家长感到教师对幼儿抱有成见而产生抵触情绪，影响到双方的沟通交流。

三、谈话要委婉、注重可接受性，语言务求得体、有分寸

教师得体的语言，可以赢得家长的尊敬，产生亲切感，增加可信度，形成和谐的沟通氛围。教师与家长谈话，态度要随和，语气要委婉，语态要真诚，语调要亲切，语势要平稳，语感要分明，使家长一听就明了，能准确把握要旨，领悟到作为家长应做些什么，并从谈话中受到启发。

教师和家长谈话时，一般应先讲幼儿的优点，后讲缺点，对幼儿的缺点也不要一下讲得过多。应该给幼儿家长一种感觉：幼儿每天都在进

步。惟有如此，家长才会相信教师，愿意接受教师的建议，愉快地与教师合作，对幼儿的优、缺点也能正确地认识和对待。

　　教师应善于找到向家长提出要求的适当形式，语气尽可能委婉，最好用建设性口吻，如"你看，我们是否可以这样做……""你能否试一下这种方式"等。对于家长不符合教育要求的行为、观点应予以说服，向他们解释这样做给幼儿带来的危害。

延伸与讨论

　　在平时工作中，你是如何与家长对话的？有无不妥的地方？不同的对话态度与形式，其效果如何？试举例来说明。

（安徽省合肥市长江路幼儿园　范彦冰）

7. 站在家长的后面

阅读指引

1. 教师要为约谈创造一个较为轻松的氛围，让家长能够打开思路，畅所欲言。

2. 约谈是有明确目的性的，是为了解决孩子的问题而进行的，教师要把握好谈话的方向。

3. 教师要善于从家长的谈话中捕捉有用的信息，找到问题产生的原因，协商解决的方法。

家园沟通常见的形式之一就是约谈。成功的约谈需要教师与家长建立良好的倾听关系，而教师在交谈中将自身置后，全神贯注于当下倾听的对象——家长，协助家长在释放情绪的同时找到问题的症结所在，这不失为一个值得尝试的新思路。

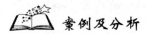 案例及分析

健健不午睡之谜

教师发现健健最近午休时总是很兴奋，不仅自己不睡，还影响同伴休息。教师多次通过电话向健健的父母反映这一情况，但健健依然我行我素。教师没办法，只好找来健健的妈妈面谈。

教师：健健最近不知怎么了，午睡情况很不好，直接导致他下午游戏时注意力不集中，而且容易发脾气。

健健妈妈：（愁眉紧锁）是吗？哎，其实最近我的情绪也不好，他可能是受我影响吧。不瞒你说，我和健健的爸爸是新上海人，因为刚进现在的单位，都想多做一点业绩给老板看，工作压力很大，加上健健爸爸这几天在外地出差，我姐昨晚又打电话说她做生意也不顺利……（说到这里，健健妈妈眼圈红了，露出"我简直要垮了"的神情）

教师：我能理解您的处境，事情一样一样来做总能解决的，孩子的问题我想背后一定有原因。

健健妈妈：（情绪平复了一些）真不好意思，让您见笑了，健健不午睡我也找不出原因，他周末在家也不午睡，不过晚上睡得很好。

教师：你要培养他按时午睡的习惯，每次一到 12 点就要求他上床安静地躺一会儿。

健健妈妈：他没这个习惯，我们也拿他没办法……不过上次他奶奶过来，他倒是睡了一次午觉，平时他中午都是看动画片或者搭积木。这孩子一看动画片就没完没了……

教师：（打断）不好意思，您刚才说上次他奶奶来他睡了午觉？

健健妈妈：对。

教师：健健那次是不是午睡前活动量较大，因为玩累了才睡的？

健健妈妈：没有，之前他在看书。

教师：当时周围的环境有没有和平时不一样的地方？例如更安静或者其他。

健健妈妈：没有吧，和平时一样啊。

教师：健健的奶奶有没有采用一些特殊的方式帮助他入睡？如哼唱童谣、讲故事、轻拍、爱抚等方式。

健健妈妈：我在隔壁屋好像听到奶奶确实念着什么，具体没太听清楚。对了，健健曾经和奶奶住过一段时间，听奶奶说那时健健每天中午和她一起睡午觉。

教师：那很可能是因为上次奶奶来让健健又重温了以前和奶奶

一起午睡的情景，使得他能很快入睡。孩子早期的生活经验对他以后的生活、学习等方面都有重要的影响，你可以回去问问奶奶，以前是怎样帮助健健午睡的，然后采取同样的方法试试看。

健健妈妈： 好的，谢谢邓老师！我会试试看的。

能够成功找到问题的原因主要得益于教师与家长之间的有效沟通。谈话中教师做到了以家长为主体，而其自身的主导作用体现在"位于家长之后"的耐心倾听：当健健妈妈开始向教师倾诉自己近期的遭遇时，教师并没有打断，而是通过有效的倾听引导对方说出自己的想法，协助对方专注思考并理清思路。因为仅根据对健健在园情况的观察分析，无法得出其不午睡的原因，这次谈话的主要目的就是从健健妈妈那里搜集更多的信息，和她一起找到可能的线索。要做到这一点，需要理智、清晰地思考，而刚开始健健妈妈明显状态不佳，情绪比较激动，这时就需要适度地宣泄，以平复情绪，恢复理智。

完成了第一步后，教师接下来要做的就是把握谈话的方向，及时捕捉关键信息。当健健妈妈提到"健健平时都不午睡，只有上次他奶奶来时才午睡过一次"时，教师敏锐地抓住这个重要信息，及时打断了关于看动画片的话题，循着这一线索追问，寻找到了主要原因。最后，教师在此基础上提出一些解决策略，为家长处理孩子出现的问题提供了参考。

教育策略

一、关注家长当下情绪状态

在与家长沟通时，很多教师往往将家长看似与当下主题无关的"话题延伸"看作是浪费时间，急于将家长拉回"正道"，或者倾向于用自己的思路武断地做出判断，试图控制谈话的方向。殊不知，很多家长由于工作、生活的压力，或对孩子出现的问题感到紧张焦虑，难免会被负面情绪影响，难以清醒地思考和分析。而教师的耐心倾听恰恰能为家长提供一个轻松的氛围，使家长能够打开思路。随着彼此信任感的增强，家长的焦虑情绪得到缓解，也能想到更多与问题相关的线索，自然能够和教师心平气和地探讨如何解决问题。

当然，教师与家长之间的谈话有别于一般朋友间的闲聊。闲聊是自由随意的交流，谈话者可以在需要时打断别人，也可以随时转移话题。家长与教师之间的对话是为了达成共识，共同寻找解决问题的办法。有些家长可能会在叙述中不自觉地远离主题，这就需要教师作出判断，巧妙地将其引回正题。

二、倾听时敏锐捕捉关键信息

事实上，要了解孩子在发展中出现各种问题的原因，往往需要从其生活经历中找答案。有的家长由于对问题缺乏较为系统的认识，所提供的线索往往是零散的、看似无关的，假如教师能耐心倾听，也许可以在这些零星碎片中发现一些重要的线索。

当遇到棘手的教育问题，教师与家长都暂时未能找到问题的原因时，不妨静下心来关注家长当下的情绪状态，站到家长的后面，尽力创设良好的谈话氛围，适度地给予宣泄的机会，往往能有效地协助家长调整好情绪，从而更冷静、清晰地和教师一起找出解决问题的线索。

事实上，有时人与人交流时起重要作用的是"情"而非"理"。很多时候，不是家长不愿配合，而是教师未意识到眼前的沟通对象是活生生的"人"。既然是"人"，就有可能受自身情绪状态的影响。当无法找到解决办法时，教师不妨站到家长后面，做到耐心倾听与适度疏导，协助家长处理好干扰情绪。这样，家长的理智思考自然又能浮出水面，问题也就迎刃而解了。

延伸与讨论

1. 你认为目前在你班级里，有家长需要约谈吗？为什么？
2. 如果要对家长进行约谈，请说出你的约谈思路。

（上海市浦东新区南门幼儿园　邓青青）

第四辑　善应问题

　　家园共育的最终目的是幼儿的全面和谐发展。家长的教育观念、教育方法在很大程度上影响着幼儿的发展，教师有责任和义务帮助家长解决孩子在成长过程中出现的一些问题，帮助家长树立正确的育儿观念，指导家长的教育行为，营造和谐的幼儿成长环境。问题解决的过程既成就了幼儿，成就了家长，也成就了教师自己。

1. 离园不可松懈

阅读指引

1. 幼儿的安全就是我们的工作安全，安全教育绝不可忽视。

2. 当安全事故发生时，不论责任是否在教师，教师的积极应对才是上策。

3. "以情换情"是家长理解你的法则，站在家长的角度，急其所急，想其所想，方可获得家长的信任与尊敬。

安全问题一直是幼儿园工作的重中之重，特别是在离园时，由于家长和老师集中交接，极易发生安全事故，而在发生此类意外事故后，家长与幼儿园或老师之间也往往因责任不清而产生矛盾。教师应该积极地寻求解决办法，与家长沟通，及时、妥善地处理好事件。

 案例及分析

阿蕊走丢了

下午离园时间，阿蕊的奶奶来接她回家。可刚出门不一会儿，阿蕊奶奶突然想起一件事要问老师，就让阿蕊在外面玩，自己返回教室找老师。当阿蕊奶奶回过头来再找阿蕊的时候，却发现阿蕊已经不见了踪影。奶奶非常着急，四处寻找，并告诉了老师。老师第一时间将班级里尚未接走的一个孩子交给保育老师，然后陪同阿蕊奶奶一同出去寻找。老师一边打电话告

知阿蕊父母，一边安慰阿蕊奶奶，并电话通知了班里另一位已经下班的老师一同帮着寻找阿蕊。在此期间老师还询问了幼儿园的门卫，门卫并未发现单独跑出门的孩子，大家猜测阿蕊可能随着别的家长一起走出了幼儿园。最终，在幼儿园附近的公交站牌找到了阿蕊。奶奶和老师心中的石头总算落了下来，刚好赶过来的阿蕊父母也松了一口气。原来，阿蕊和其他小朋友一起玩，没看见奶奶，以为奶奶在幼儿园外面等她，她就随着其他小朋友和家长一起出门，结果没找到奶奶感到特别害怕。老师看到孩子吓得一言不发，小脸都变了颜色，就请他们都回园里休息，并一直安抚家长和孩子，等到他们情绪平复后才离园。

晚上，老师又主动联系了阿蕊的父母，一方面询问了孩子的情绪，另一方面叮嘱家长不要过分责怪孩子，以免让幼儿过度恐慌。由于孩子是在家长接走以后走失的，老师在第一时间帮助奶奶找到了阿蕊，所以阿蕊的家人对幼儿园的工作表示赞许和感谢。

此次事故并非教师的责任，但也暴露了幼儿园管理中的问题，值得反思。

一、冷静应对，安排好手头工作避免忙中出乱

在本案例中，当老师得知阿蕊走丢后，并没有乱了阵脚，盲目采取措施，而是冷静地将班级里尚未接走的幼儿交给保育员看管，再帮助阿蕊奶奶寻找孩子。这样的举措避免了忙中出错，让事件在第一时间内得到控制，没有造成不良后果。

二、安抚家长，及时联系相关人员协助解决

在本案例中，老师有一个重要的举动，就是安抚阿蕊奶奶的情绪。因为幼儿走丢后，家长情绪很容易激动，老师有责任安抚、理顺家长的情绪和思路，有效地帮助家长寻找走丢的幼儿，这对解决事件有至关重要的作用。同时，从这个案例的发生过程来看，孩子的走失与老师并无太大关系，但老师能积极联系配班老师共同寻找，并在第一时间告知幼儿父母，体现了老师理智的处事能力。由于在老师的积极配合和帮助下找到了孩子，家长对幼儿园增强了信任感。

三、关心孩子，继续做好事后工作

从案例中可以看出，事情处理结束后，晚上老师主动和家长联系，了解孩子回家后的反应，注意对孩子进行心理疏导。老师的积极主动、对幼儿的关爱，赢得了家长赞誉。

四、查找不足，避免类似事件发生

虽然此次事故的主要原因是因为奶奶过于粗心，没有照看好幼儿，但老师也需要反思自己工作中存在的不足。如老师看到奶奶一人返回教室时，应提醒奶奶是否已安置好孩子。在日常工作中，教师应加强对幼儿的安全教育，请幼儿不要远离家长一个人离开幼儿园。另外，应加强幼儿园的门卫管理，门卫应密切关注每个出门的孩子是否有家长陪同。惟有每个人都增强职业责任感和敏感度，关注每一个细节，才能避免此类事故的发生。

教育策略

一、在日常教育活动中，加强对幼儿的安全教育

由于幼儿处在多动、自我保护意识较差的年龄阶段，因而教师要在日常的教育教学活动中，加强对幼儿的安全教育。嘱咐幼儿在无人陪同的情况下，不要独自离开。更要教育幼儿万一走丢后的解决措施：如果在幼儿园门口，可以返回教室找老师；如果在其他公共场所，可以寻求大人的帮助，找警察叔叔、给家里打电话等。

二、采取合理措施，家园共同解决

当幼儿发生意外时，家长难免会紧张以至于情绪失控，此时，幼儿教师必须冷静分析事故原因，合理采取妥善方案帮助家长解决事故，切忌跟着家长一同慌乱。

一旦发生意外事故，不论责任在谁，老师都不要隐瞒，应及时地将事故发生的原因、过程和结果向幼儿家长以及园领导反映。惟有这样才能获得家长对幼儿园和老师的信任，同时也让园领导及时掌握事故情况，便于更有效地处理事故，也便于今后积累经验，防患于未然。

三、提高家长的安全意识

幼儿安全教育千头万绪，并非三言两语可以概括。在每日的工作中都可能发生各种各样的事情，这需要幼儿教师有足够的职业经验和敏感度，对于容易发生的意外事故进行分析、反思、解决，避免意外事故的重复发生。

有些家长为了方便或者赶时间，把孩子送到幼儿园门口而不是交到老师手上，虽然短短几步路但仍然有安全隐患，老师需要及时和家长沟通，杜绝安全隐患；也有的家长不顾老师的要求，任由孩子带一些小玩具来幼儿园，这些玩具零件过小，容易被孩子吸入口、鼻中造成危险；还有的家长接完孩子只顾相互间聊天，忘记照看孩子，也容易造成安全事故……所以，安全教育离不开家长的配合，教师一定要在平时注意积累相关的案例，多向家长进行宣传和提醒。

四、加强幼儿园的安全管理

由于离园时间来往人员较多，不少幼儿特别喜欢逗留在园内和同伴玩耍，容易兴奋，因此存在的安全隐患也较多。如玩大型玩具的安全隐患、孩子间产生矛盾的安全隐患、门卫的安全隐患……因此，除了对幼儿和家长进行安全教育外，幼儿园也应加强各方面的管理，如大型玩具的检修、活动场所的开放时间、门禁系统的更新、监控系统的建立、人员巡视的加强、门卫监管的加强等，这些都是减少事故发生的有效途径。

延伸与讨论

1. 你在幼儿园经历过安全事故吗？你是怎么处理的？

2. 你在班级开展过哪些安全教育活动？反思一下所在幼儿园会存在哪些安全隐患？如何解决？

（安徽省合肥市栢景湾幼儿园　　陈　蕾）

2. 化解家长间的矛盾

阅读指引

1. 协调矛盾的前提是了解矛盾产生的真实原因，协调矛盾的出发点是为了孩子的发展。

2. 面对家长之间因孩子而产生的矛盾，教师要分析是否有必要介入，协调时更要表现出公平、公正的立场，否则适得其反。

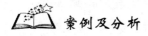 案例及分析

我们还是好朋友

楚楚和轩轩是邻居，每天一起上幼儿园。可是，轩轩特别爱生气，一天早上，楚楚看见轩轩高兴地跑过去，摸了一下轩轩的头，结果轩轩回手就是一巴掌，楚楚以为是闹着玩，也回手打了回去。这下，轩轩更生气了，就找楚楚妈妈告状。楚楚妈妈目睹了整个过程，知道楚楚并不是想要打他，就对轩轩说："轩轩，楚楚不是想要打你，就是摸一下你的头，你们是好朋友啊。"轩轩听了还是一路上都不理楚楚，轩轩妈妈也没有说什么。

来到幼儿园，轩轩见到其他孩子来找楚楚，就叫小朋友们别和楚楚玩。楚楚妈妈就对楚楚说："轩轩那样是不对的，你就当没听见，别去和他计较。"

接下来的日子，轩轩常常为了一些小事和楚楚闹别扭，而轩轩妈妈也不劝轩轩，楚楚妈妈心里感到不太高兴，就跟楚楚说："轩轩总是欺负你，你不要去找他玩了。"本来两家关系很好，但因为两个孩子的矛盾，交往也渐渐少了。

其实孩子是很单纯的，他们在和朋友的交往中有时候只是受一时的情绪所影响，矛盾过去之后仍然是好朋友。可是，家长之间如果产生矛盾则是久久不能消除的，反过来也会影响孩子之间的交往。老师看在眼里，急在心里，决定和双方的妈妈好好沟通一下，以化解她们之间的不愉快。

首先，老师找到了在整个事件中觉得委屈的楚楚妈妈，和她共同分析轩轩为什么会对楚楚有消极的行为。经过分析，他们认为也许轩轩是有些羡慕楚楚的好人缘呢，他只是采取了特别的方式来表达自己的羡慕而已。对于可爱的楚楚来说，最好的方法就是不要摸轩轩的头，有些孩子会不喜欢别人摸他的头。因此，老师建议楚楚妈妈告诉楚楚："你知道轩轩容易生气，对吗？他打你是不对的，但是如果你没有惹他呢？我觉得你应该多让轩轩和你的朋友一起玩，这样轩轩不就慢慢地开心了吗？你是他的好朋友，就应该帮助他找到快乐！"这样做既让楚楚消除了轩轩不喜欢自己的感觉，又有机会帮助他提高自己的能力、强化责任心。

在消除了楚楚妈妈心里的芥蒂后，老师又找到了轩轩的妈妈。同样和她分析轩轩在班上人际交往过程中出现的问题，更重要的是让轩轩的妈妈要重视孩子之间的交往，教会孩子与同伴交往的正确方法，这样会让孩子拥有更多的朋友，而她自己也会重新拾起和楚楚妈妈的友情。

在班上，老师也刻意地鼓励轩轩和楚楚做好朋友，互相帮助，并有针对性地教会轩轩和伙伴相处的方法。很快，两个好朋友又每天手拉着手来上幼儿园了。楚楚妈妈和轩轩妈妈当然又慢慢恢复了往日的友好。

此案例中，教师发挥了重要的调解作用，可谓功不可没，值得学习与总结。

一、观察、了解引起双方矛盾的原因

家长之间的矛盾和纠纷，往往因孩子而起。孩子之间经常产生的交往问题看似很小，然而一旦家长之间产生芥蒂，导致双方关系难以调和，最终也会影响孩子人际交往关系的发展。老师在不了解事实之前没有急于干涉，而是通过各种途径深入了解，这也为接下来的调解工作奠定了基础。

二、站在孩子的角度与双方进行沟通，寻求解决的办法

案例中，双方家长的态度已经对孩子的正常交往产生了影响。从孩子的发展角度出发，老师分别与楚楚妈妈和轩轩妈妈进行了交流，分析轩轩拒绝楚楚友好行为的原因，既让轩轩妈妈理解了自己的孩子，认识到孩子交往技巧的缺乏，也让楚楚妈妈对轩轩的行为有了一定的理解，从而给自己孩子适当的安慰和提出要求。老师的介入帮助双方家长分析了孩子之间的矛盾，从而理性地思考问题，也拉近了双方的距离。

三、帮助幼儿学习良好的交往技能，提升交往能力

由于两位妈妈本身关系还是不错的，经过老师的协调和沟通，双方对于孩子交往问题的芥蒂已经慢慢消除。要想让家长之间的关系更为和谐，老师仅仅做到这点是不够的。问题的起因在于孩子没有掌握与同伴相处和沟通的方法，那么在幼儿园中，老师要更加注重培养孩子的人际交往能力，减少孩子之间产生矛盾的机会，这才是消除家长之间纠纷和矛盾的根本方法。

教育策略

一、良好的心态，公正的态度

1. 稳定情绪，弄清事情的经过

孩子发生纠纷后，家长往往不够冷静，总觉得自己的孩子吃亏了，

因此往往会不分青红皂白，就把责任全部推到对方身上，甚至情绪异常激动，从而导致家长之间的矛盾。此时，教师作为矛盾的协调者，一定要沉着冷静，控制矛盾双方的情绪。因此，在处理家长之间的纠纷时，我们更应该先了解孩子之间究竟发生了什么。引导孩子如实地将事实经过讲清楚，这样不仅培养了孩子的诚实品质，还锻炼了孩子的语言表达能力。然后再问问班级中知道这件事情的其他孩子，看是不是和他们说的一样。切记：不要批评一方，祖护另一方。

2. 了解真相前，不要妄下结论

孩子们之间的纠纷没有利益冲突，不是这个碰了那个，就是那个推了这个，有时候连他们自己都说不清楚孰是孰非，更何况我们这些局外人。遇到这样的情况，不管是家长还是老师都不能无端地评价孩子们之间的矛盾到底谁对谁错，更不要当着很多人的面去指责一方的孩子，这样做只能加深双方的矛盾。因此在了解真相前，切勿对孩子们的行为和矛盾妄下结论，如处理不妥，则会引起家长对教师的不信任。

二、正确处理矛盾，化干戈为玉帛

1. 分析事情的根源，探究解决问题的办法

待事情真相大白之后，老师应该和双方家长一起分析事情发生的根源，即为什么会发生这样的事。在找到事情的根源后，还可以征询孩子的意见，这样既可以培养孩子独立处理问题的能力，又可以了解孩子对待纠纷的真实态度，便于父母和老师进行针对性的教育。

在对问题的分析过程中，教师一定要注意和家长沟通的技巧。在对家长的情绪表示理解的同时，也要引导家长换位思考，对于别的孩子无意造成的过失，家长也应该本着诚恳的态度，教育自己的孩子原谅对方的错误，从小培养孩子宽广的胸怀；如果是自己的孩子错了，在家长情绪激动的情况下，教师也要委婉地提出来，让家长知道孩子错在哪里，培养孩子的是非观念，接着启发和引导孩子向对方道歉。相信没有哪位家长会拒绝对方真诚的道歉。

2. 巧与双方父母沟通，鼓励孩子正常交往

孩子间发生了纠纷，教师要引导双方父母最好能诚恳地交谈，彼此

谅解，友好地解决问题。孩子是最敏锐的观察者，父母的一言一行，孩子都看在眼里，并且在他们幼小的心里留下深刻的印象。化干戈为玉帛，友好地解决问题能使孩子受到感染，在成长过程中，不做"小霸王"。父母不要因为孩子间常发生争吵和纠纷，就限制孩子与同伴交往。要创造条件，鼓励孩子与人交往，让孩子在冲突和纠纷中增长与人交往的经验。

3. 组织家长交流，引领家教观念

家长要树立正确的家教观念，当孩子遭受挫折和委屈时，不应该教孩子怎么还手，或者护着自己的孩子，而是要教会孩子如何与人友好相处。教师可以有针对性地组织相关活动，如开展家长育儿经验交流、育儿沙龙或家长会等，带领家长们一起讨论当孩子之间发生矛盾时家长与老师该如何面对和解决，也从中获得别人好的经验和方法，从而指导孩子用合理的方式解决矛盾。

延伸与讨论

面对看似和教师无关的、因孩子而产生的家长间的矛盾，你觉得教师应如何对待？请举例说明。

（中国科技大学附属幼儿园　王小婵）

3. 家长也焦虑

阅读指引

1. 付出的关爱越多，孩子的入园焦虑就越轻，相信他们很快会爱上你。

2. 年轻的爸爸妈妈也在经历着与孩子分离的焦虑，你的真诚友好的态度会给他们带来信心，你的科学指导会给他们指点迷津。

3. 为了给可爱的宝宝建立快乐人生的第一步，你必须和家长携手共进。

走出家庭，踏进幼儿园，让两三岁的孩子感到恐惧不安。他们从一个原本熟悉的环境来到一个完全陌生的环境，离开自己所依恋的亲人，心理上自然会产生一种陌生的惧怕，表现出情绪不稳、睡眠不安、莫名哭闹等现象，这就是所谓的分离焦虑。作为教师，我们应帮助家长正确认识分离焦虑，学会控制自己的情绪，帮助幼儿尽快适应幼儿园生活。

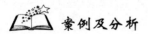 案例及分析

一样焦虑，百般不同

灵灵是个很快乐的孩子，她刚上幼儿园时一点也没有陌生的感觉，前面两三天灵灵表现得特别适应。可是到了第四天，灵灵开始不想上幼儿园了，看到别的小朋友哭了，她也跟着哭，抱着妈妈的腿不让她走。家长觉得很奇怪：是不是受到小朋友

欺负了？或者是老师不喜欢灵灵？

宝宝的表现与灵灵不同，他哭着死死地抱着妈妈的脖子，大叫着："宝宝不要上幼儿园。"妈妈也是眼泪汪汪，难舍难分。最后妈妈趁宝宝没注意，悄悄地离开了教室，这时候宝宝正专注地玩玩具。一分钟后，宝宝发现妈妈不见了，尖叫起来："妈妈——"宝宝边哭边向四处张望，没看到妈妈，就往教室门外跑。这时，老师看到了，抱起宝宝，宝宝生气地舞动着双手，挣扎着，哭叫着。

而东东则乖乖地和妈妈说："再见，妈妈早点来接我。"等妈妈离开教室后，东东一直目送妈妈。他悄悄地走到教室的窗边，向外张望，看着妈妈越走越远，轻轻地哭起来，不停地用手抹着眼泪。

新入园的孩子都面临着"分离焦虑"，都要度过"哭闹期"，但每个孩子的表现不同，需要教师认真分析，积极应对。

一、每个孩子的分离焦虑是不同的

案例中的灵灵是一个性格外向的孩子，一开始她的注意力被好玩的东西、新鲜的环境吸引，但这并不说明她真的适应了集体生活。当周围环境对她不具吸引力时，她便觉得不舒服，不能接受了。同时，小朋友的哭闹情绪对她也会有一些负面的影响。而宝宝和东东则明显表现出分离焦虑，只是表达的方式不同。

二、家长的焦虑程度影响孩子的焦虑情绪

分离焦虑不只孩子有，家长身上也同样存在着分离焦虑情绪。比如，送孩子入园时，孩子在里面哭，家长在外面流泪；有的家长久久不愿离开幼儿园，偷偷躲在角落里观察孩子；有的家长中途又跑来看孩子、接孩子等。家长这种不放心的焦虑情绪反过来又影响着、加剧着孩子的焦虑情绪。

案例中宝宝妈妈泪眼汪汪、难舍难分的情绪给孩子带来负面影响，让宝宝的哭闹更激烈。一般来说，家长的焦虑程度越高，孩子的焦虑越

强烈，对幼儿园的适应性就越差，适应时间越长；相反，如果家长的焦虑程度较弱，则孩子的分离焦虑也较弱，甚至不哭不闹地度过最初的入园阶段，很快适应幼儿园的生活。

 教育策略

一、帮助家长调整好心态，给孩子积极的暗示

首先，帮助家长科学分析入园焦虑的原因。让家长认识到，两三岁的孩子语言表达能力有限，哭闹行为是他们表达内心世界的唯一办法，也是他们不安情绪的一种宣泄。在身心健康的情况下，孩子用哭闹表达自己的情感是正常的，家长不必为此过分担忧。

其次，提醒家长杜绝消极的语言暗示。经常听到家长说："这下好了，看你上幼儿园，老师怎么管你！""再不听话，就把你送到幼儿园去！""上幼儿园就没有这么自由了！"……这种带有威胁性的话语是一种消极的暗示，给孩子传递的是不良信息，让孩子对幼儿园和老师产生惧怕心理。

最后，引导家长保持积极的心态。孩子对父母的情感、心态是十分敏感的，当他们察觉哭闹会动摇爸爸妈妈的态度时，会强化不愿上幼儿园的想法。所以，家长送孩子上幼儿园时，应保持愉快的心情、坚定的态度，及时鼓励孩子的点滴进步。多用积极的暗示，让孩子感受到幼儿园生活的快乐，对幼儿园和老师产生亲近感。

二、帮助家长提前为入园做相应的准备

1. 教孩子掌握一些基本的生活自理能力

家长可以在家里让孩子独立吃饭，学会用勺子自己舀饭菜，即使吃得满地都是饭粒也没关系，到了幼儿园里老师会想办法，帮助孩子吃得干净些；还要让孩子学习穿脱简单的衣裤，不会也没关系，重要的是使孩子有配合老师的意识。

2. 教孩子主动、大声、清楚地表达自己的需求和想法

许多家长时时刻刻关注着自己的孩子，不需要孩子说，就能知道他

们有什么需求。但到了幼儿园，孩子的需求就要由他自己跟教师说出来，这就要求家长能在家里有意识地进行培养。例如，孩子需要大小便时会主动向成人讲出来，并且知道大小便的方法；孩子在口渴时会自己表达，或主动去喝水；当孩子感到不舒服时，会自己说出或用手指出具体的部位（如头痛、肚子痛等）。

3. 家长要做好安全及着装准备

幼儿园一般不提倡给孩子挂挂件，如金锁、手镯等，这些物品会给孩子的生活带来不便，同时存在不安全的因素。另外，由于活动的需要，家长要给孩子准备舒适、易穿脱、方便活动的衣服鞋帽等。老师应该在入园前的家长会和家访中提醒家长。

4. 培养孩子的交往能力

如果孩子能在班级较快地结识新伙伴，就有助于缓解分离焦虑。所以，教师要鼓励家长多带孩子到家庭之外的环境去活动，多接触其他孩子。爸爸妈妈可以通过幼儿园老师了解班上有哪些小朋友是住在同一小区或邻近区域的，这样可以互相联系，彼此串串门或相约在双休日共同到郊外、游乐场玩耍。

三、对家长的不当行为要适时引导

有些家长心疼孩子，见不得孩子哭，上幼儿园常常是三天打鱼两天晒网，接回家后百般呵护，这样会延长孩子的适应时间。所以，教师要鼓励、督促家长必须坚持天天送孩子入园，在孩子面前的态度要坚决，要说"明天该去幼儿园了"，而不要说"明天去幼儿园好不好"；也不要哄骗孩子或者答应孩子的不合理要求，即使孩子哭闹也不能动摇。

四、主动与家长进行沟通交流

孩子刚入园期间，家长是最不放心的，因为他们对孩子在园的一切情况都不够了解，常常在接送孩子时拉着老师问个没完。教师要体谅家长的心情，在家长接送孩子时，两位老师最好能抽出一位来接待家长，尽可能多地向家长介绍孩子在园的情况，并且多表扬少批评。否则，教师的批评和要求会增加家长的焦虑情绪。

五、与家长建立信任关系

在孩子入园之前，幼儿园可对家长们进行开放活动，通过家长讲座、随堂跟听、观看录像、参观介绍、家园座谈等方式，让家长了解幼儿园的环境、设施设备、开设的课程、老师的教学态度以及教学方式、孩子在园的一日生活等，让家长做到心中有数，消除顾虑，与幼儿园和老师建立信任关系，缓解焦虑情绪，从而减轻孩子的入园焦虑。

延伸与讨论

1. 你有过带新生班的经历吗？你觉得最大的困难是什么？你是如何克服的？

2. 你在工作中还运用哪些方法帮助家长和孩子克服幼儿入园焦虑？

（安徽省合肥市长江路幼儿园　范彦冰）

4. 对隔代教育的指引

阅读指引

> 1. 祖辈给孩子的爱是最直白、毫无保留的，要理解他们。
>
> 2. 只要是为了孩子好，家长什么都愿意做，关键在于你的方法要让他们认同。
>
> 3. 要让家长更好地认识到教育的问题和偏差，让他们学会自我修正。

由祖辈对孙辈实施的抚养和教育被称为隔代教育。帮助家长掌握正确的隔代教育方法，处理好隔代教育所产生的困惑、矛盾，也成了家园工作的一项重要内容。

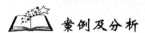 **案例及分析**

我的妈妈一点也不好

在语言活动"夸夸我的好妈妈"中，小朋友都兴高采烈地介绍起自己的妈妈："我的妈妈很漂亮"、"我的妈妈烧的菜可好吃啦"、"我的妈妈很辛苦"、"我的妈妈给我讲故事"……当陈老师请瑶瑶说时，她却皱着眉头，一脸不屑地说："我的妈妈一点也不好，什么都不会，也从来不管我，我讨厌她。"小朋友们都很惊讶，老师也很诧异，心想，一定是瑶瑶的家庭教育出了什么问题；再一想，平时接送瑶瑶的不是爷爷就是奶奶，从未见过瑶瑶妈妈。于是，陈老师决定利用离园时间来了解一下瑶瑶的家庭情况。下午，果然又是瑶瑶奶奶来接孩子，陈老师提议想跟奶奶聊一聊孩子的情况，奶奶高兴地同意了。

等其他孩子都接走了，陈老师先让配班老师领瑶瑶去游戏区玩，并请奶奶坐下来，拿出了预先准备好的瑶瑶的一些绘画、手工作品给奶奶看，并向奶奶说："瑶瑶上幼儿园进步可大了，特别是手工、画画，每次都能参加展览。"奶奶非常高兴，不住地对瑶瑶夸奖："瑶瑶真能干，爷爷奶奶没有白疼你。谢谢老师哦！"

接着陈老师提出："为什么很少看见瑶瑶的爸爸妈妈来接？"奶奶说："儿子在外地上班，很少回来，媳妇呢……"说到媳妇，奶奶一脸不满，没有任何隐瞒："她呀，没什么文化，什么都不会，谁敢放心让她带孩子！"表情和语气都和瑶瑶如出一辙，接着奶奶一股脑道出了对媳妇的种种不满与轻视："孩子一出生就接到我们家了，她妈妈倒清闲，不管不问了。不管也好，她一个小学文化水平能教我孙女学什么！"

陈老师听完奶奶的倾诉后，肯定了爷爷奶奶对孙女教育的重视，接着话锋一转："瑶瑶不和妈妈在一起，会不会影响她们的母女感情呢？你对媳妇的看法会不会影响到瑶瑶对妈妈的看法？这样会不会对孩子有不好的影响呢？"陈老师把早晨语言活动中的事告诉了奶奶，奶奶有些诧异，久久才自语道："我们没注意。"

接着奶奶表现出不安："老师，这样会对瑶瑶有什么影响吗？"

陈老师随即安慰奶奶："请不要太紧张，如果时间长了，肯定会影响孩子和她父母的感情，现在补救还来得及。瑶瑶妈妈还年轻，虽然缺乏带孩子的经验，但在教育孩子方面，父母才是真正的主角。你们长辈多指导她，一家人多交流，情况可以改变的。"奶奶连连称是，表示没想到问题的严重性，将来要给孩子的父母多一些时间和空间来爱孩子。

此后，陈老师又和孩子的母亲进行了约谈，督促她尽快融入母亲的角色中，向她介绍了母亲在教育孩子问题上的重要性，交流了一些教育方法，鼓励她多与老人沟通，多向他们请教，共同教育好孩子。瑶瑶的妈妈表示以前确实疏忽了孩子，今后会多陪陪孩子，尽可能为孩子创设温暖的家庭氛围，并希望经常与老师交流。

案例中的祖辈强势、父母教育缺失，在现代家庭中也具有一定的代表性。教师要关注类似的现象，进行适宜的指导。

一、捕捉孩子日常活动中的信息，分析问题背后的原因

案例中，当瑶瑶说出对妈妈的不满时，陈老师立刻捕捉到了瑶瑶的家庭教育存在问题这一信息，并及时通过交谈加以了解，找出问题所在，从孩子的奶奶和妈妈两方面入手，指导家长正确处理家庭成员间的矛盾，共同为孩子创设一个温馨、和谐的家庭环境。

二、谈话从孩子的长处入手，创造家园交流的良好氛围

老师和奶奶谈话时先从孩子的优点谈起，得到了奶奶的认同。创设良好的谈话氛围，让家长感受到老师交流的目的是为了孩子的教育，而非打探家庭的隐私，使家长对老师产生信任感，交流才能顺利进行。

三、共同分析问题，多方面入手解决

案例中，瑶瑶的家庭教育出现问题不仅仅是爷爷奶奶单方面的原因，也有其父母对教育责任的认识不足或对教育缺乏了解的原因。陈老师认真分析了原因后，从两方面入手，分别与孩子的奶奶和妈妈进行交流，与她们都达成共识。在交谈时，采取不同的策略，与祖辈谈话的重点在于强调父母角色的重要性，鼓励祖辈多指导，而与孩子的母亲交谈时，重点在于强调教育孩子是父母的责任，并交流了一些教育方法，使两代人形成教育合力。

教育策略

一、注意语言得当，态度诚恳

老师在与孩子的祖辈交谈时，要本着尊重、谦虚、诚恳的态度，注意语言的亲切、平和，避免直指问题，让长辈觉得难堪，产生抵触情绪。

二、避免卷入家庭矛盾，努力协调家庭关系

教师应以孩子的利益为出发点，注意对事不对人。教师要明确自己的工

作是协调家庭成员共同教育好孩子，不能探究别人的家庭隐私，更不可在背后对孩子的家庭情况及家庭成员进行议论，卷入别人的家庭矛盾之中。

三、善于发现家教问题，随时沟通解决

祖辈的一些习惯要改变是比较困难的，有些祖辈家长能意识到自己的问题，但并不一定能在行动上有所改变。教师要善于发现家教中存在的问题，随时与他们进行沟通。如果发现祖辈家长对孩子教育的方法有改观，就要及时抓住机会，以孩子的进步来鼓励家长继续努力，让他们看见自己的教育成效，逐步改变不良的家教方法。

四、理解老人心情，给予科学引导

中国有句俗语叫"隔代亲"，此话有一定的道理。由于儿女长大成人，他们又将爱转移到孙辈身上。也有许多老人，年轻时因条件、环境不允许自认为亏欠儿女，就想在孙辈身上进行弥补，自然就会更疼爱孙辈。因此，在教育孙辈时往往感情用事，不够理性，缺乏科学性。教师应该充分理解老人的心情，巧妙地将科学的育儿知识、方法介绍给他们，慢慢改变他们的观念，从而更好地配合教师，促进孩子的健康成长。

延伸与讨论

1. 你认为隔代教育有哪些利弊？你与祖辈家长交往中有成功或失败的案例吗？

2. 你在指导家长进行隔代教育时运用了哪些策略？试结合实例说明。

（安徽省合肥市宿州路幼儿园　王晓文）

5. 消除家长的顾虑

阅读指引

1. 通过对幼儿平时的观察以及与家长的接触了解、分析顾虑产生的原因，判断家长顾虑的问题是否真实存在。

2. 对于存在顾虑的家长，教师不仅要给予语言上的安慰，更重要的是让家长感受到教师对这些问题的重视，并且愿意想办法帮助家长解决问题。

3. 消除家长的顾虑需要教师的主动与大度，要进行真诚的沟通。

现在的孩子在生活上受到无微不至的照顾，不少孩子生活自理能力较差，适应外界环境的能力也不够理想。所以，一旦进入幼儿园，有不少家长就会产生各种各样的顾虑。

 案例及分析

不一样的轩轩

一天早晨，轩轩姥姥跟我说："轩轩每天都不想来幼儿园，早晨在家大哭。"我问姥姥什么原因，姥姥说："这孩子胆子小，不敢说话，肯定是有小朋友欺负他了。"这段时间由于轩轩要吃药，每天中午都会被接走，于是我对姥姥说："可能轩轩的适应能力稍差了点，加上您每天中午都来接他，他更加不适应了，要不您从今天开始，中午别再接了，药可以带到班上，我们给他吃。"

接下来的几天，轩轩每天来园都非常高兴，通过观察我发现他除了挑食，在交往、学习、游戏等方面都表现得非常好。可是，一天晚上，我又收到轩轩妈妈的短信，说孩子早晨不愿意来幼儿园，想约我谈一谈。由于轩轩妈妈工作比较忙，一直没约好时间，但这段时间一直收到轩轩妈妈的短信："孩子现在情况怎么样？孩子胆子小，老师要多表扬他，多给孩子表现的机会。"

看到轩轩妈妈的短信，我陷入了沉思。根据我的观察，轩轩在幼儿园十分大方，上课积极发言，跟小朋友主动交流，并不像轩轩妈妈说的那样胆小、不自信。是不是轩轩的表现有两面性呢？我忽然想到有几次早晨来园的时候，轩轩藏在妈妈身后哭，我问："轩轩怎么了？"轩轩直往妈妈身后藏，妈妈连忙说道："今天的早饭有虾皮炒鸡蛋，轩轩不爱吃虾皮。"我便对轩轩说："你可以自己跟老师说啊，说出来问题不就解决了吗？可不能为这点小事哭鼻子啊。"通过这件事，我大概了解了轩轩在家人面前表现得较为胆小的主要原因是姥姥、妈妈代替他说的太多了，导致轩轩过分依赖她们。但在集体生活中，轩轩自己其实有能力大胆地表达自己的想法。

通过这样的分析，我便约了轩轩妈妈进行交谈，轩轩妈妈一见到我便将自己苦恼的事情一口气说了出来："孩子胆小"、"孩子不自信"、"孩子爱哭"……

我耐心地听完了轩轩妈妈的话，然后对她说："轩轩妈妈，我在幼儿园看到的可不是这样的轩轩，我看到的轩轩自信、大方、快乐。"说着我拿出了手机（我将轩轩在园的表现录了下来），"您看看我给轩轩的录像吧！"

轩轩妈妈看着录像，似乎觉得不可思议，脸上露出十分惊喜的表情，对我说："老师，这真的是我们轩轩啊？没想到，他在幼儿园表现得这么好！"

我说："是啊！为什么孩子会有这种两面的现象呢？主要原因是，在家里你们替他说了该说的，做了该做的，他没有机会表达自己的意愿和想法，必然导致他很依赖你们，从而也就不自信了。但是在幼儿园中，他所遇到的问题，必须靠自己去解决，而他完全有这样的能力。"

确实有不少孩子像轩轩一样，在园在家的表现不同。案例中的老师不仅观察到这种现象，而且分析了原因，找到了症结所在。

一、理解家长的顾虑

案例中的老师没有忽视家长表现出的顾虑。虽然孩子在幼儿园的表现并不是家长所说的那样，但老师依然能够认真对待，细心分析，这就为良好的家园沟通奠定了基础。

二、认真观察、分析，不乱下结论

在案例中，轩轩妈妈的顾虑表现出来后，教师对孩子进行了全面的观察，对轩轩在家长身边的行为表现和独自在幼儿园活动时的行为表现进行比较，找到表现出两面性的原因，没有乱下结论。有的老师对于家长的疑惑、顾虑不能认真对待，往往凭自己的经验就急于给出结论，这很难让家长信服。

三、用事实说话，真正打消家长的顾虑

其实，案例中家长产生顾虑的原因是无法真实地看到孩子的在园表现，教师在和家长的沟通过程中，并没有急于表明自己的态度和观点，更没有空洞的宽慰，而是借助现代技术手段，将孩子的在园表现录下来供家长观看。这种方式让家长真实地了解了孩子的在园表现，打消了原有的顾虑。

 教育策略

一、分析家长产生顾虑的原因，寻找对策

案例中轩轩妈妈的顾虑是许多家长在孩子刚入园时表现出的一种正常现象。因为现在的独生子女在家庭中，往往过多地受到成人的呵护，依赖性较强，而一旦进入幼儿园，家长由于无法观察到孩子的在园表现，就会以孩子在家的表现来想象孩子在幼儿园的表现，特别是当孩子在情绪上发生波动的时候，家长会更加着急，顾虑重重。

不同的家长产生顾虑的原因各不相同，有的家长是出于对教师的不信任，也有的家长是害怕孩子吃亏。不管是何原因，教师都要认真分析家长产生顾虑的原因，寻找对策加以解决。

二、消除家长顾虑的前提是对孩子的认真观察、分析

面对孩子的各种表现，教师不能简单地凭经验来加以断定，因为孩子的情况是千变万化的，孩子成长的环境也是各不相同的。所以，教师一定要对孩子的表现进行细致、全面的观察，了解孩子的在园表现，同时更要注意分析孩子这些行为表现与家庭环境，如教育观念、教养方式等存在的关系。这些都是家园沟通前需要做的必要准备，否则家园沟通的有效性会大大降低，也就谈不上消除家长的顾虑了。

三、沟通时要注意倾听，耐心帮助家长分析孩子的问题

在与家长进行沟通时，不论家长的顾虑是什么，教师都要耐心地倾听，不能不以为意，甚至不屑一顾，这样会使家长对教师更加不放心，顾虑也会加重。教师的倾听会让家长首先看到教师对自己想法的重视，也就愿意将自己的顾虑毫无保留地说出来，这有助于教师更全面地了解家长的想法。此外，只有在倾听的基础上，教师才能帮助家长耐心分析孩子存在的问题。

四、用事实说话，做到让家长真正放心

面对家长的顾虑，有的教师急于表明态度，希望家长不用着急，也有的教师只是一味地宽慰家长，但结果往往并不理想。要想打消家长的顾虑，让家长真正放心，教师要拿出能让家长信服的事实，这样才能真正做到让家长放心，消除顾虑。

延伸与讨论

　　根据你的工作经验，家长在哪些方面比较容易产生顾虑？原因是什么？你是如何帮助家长消除顾虑的？

（总参军训和兵种部机关第三幼儿园　周　洁）

6. 不要让意外发生

阅读指引

1. 教师不论组织什么活动，都要把孩子的身体健康和生命安全放在首位。

2. 出现意外时，要勇于承担责任，以诚恳的态度争取家长的谅解。

3. 意外发生时，要及时安抚孩子，将不良影响降到最低。

在幼儿园的一日生活各环节中，保证孩子的安全是一切活动的前提和关键，教师要密切关注每一个孩子，及时将安全隐患消除。万一发生意外，要冷静面对，处理得当，以免造成严重的后果。

 案例及分析

春游中的意外

在我刚到幼儿园工作的第一年春天，幼儿园组织孩子去植物园春游。一到目的地，孩子们都迫不及待地想去欣赏各种花草树木，为方便活动，我们两位老师将孩子分成两组，各带一组，绕植物园参观一圈，相约一个小时后在大草坪处集合休息。这时，我突发奇想，决定和孩子们一起开始探险活动，没有完全按照原定路线前往集合地点。玩着玩着，我发现离集合的时间只有十分钟了，而大家距离大草坪还远着呢！于是，我让孩

子们两人结伴，手牵手快速奔跑，终于在约定时间赶到大草坪，我高呼："我们探险成功！"正得意间，有个女孩急匆匆地说："老师，雁雁不见了。"我们赶紧清点人数，才发现雁雁真的不见了！我害怕极了，赶紧向班主任说明了事情的来龙去脉，我们立刻将孩子们交给其他老师照看，一起沿着刚刚的路线，边跑边大声呼唤着雁雁的名字，终于在门口的转弯处发现了哭成泪人般的雁雁。我冲过去紧紧地抱着她，哭着说："宝贝，对不起，别害怕了，老师会一直在你身边的。"

回到幼儿园，家长都在教室外等着孩子了，我们急着给孩子们发面包和牛奶，等孩子们都被接走了，才想起居然忘了和雁雁的家长说春游走失一事。我回想起雁雁害怕哭泣的样子，感到非常难过，与班主任商量好下周一要当面跟雁雁的家长道歉。没想到周六上午我们接到园长的电话，说是家长反映雁雁昨晚回到家一直很害怕，睡觉时还哭醒了好几次。后来妈妈问明原因，才知道雁雁白天走失一事。妈妈既难过又生气，责问园长：为何班级老师在她接孩子时没告知她，如果孩子找不到了，或者受到些伤害，谁能承担得起这个责任？我听后立刻意识到自己处理不当，于当天下午赶到孩子的家里，当面向家长承认自己工作中的失误，并致以最诚挚的歉意。面对我们的诚恳道歉，家长原谅了我们。

案例中的老师刚参加工作，在组织春游等活动时缺乏经验，只是想着如何让孩子玩得开心，带领部分孩子脱离了集体，并为了赶时间允许孩子结伴奔跑，活动范围大大超出了老师的视线，使得老师对孩子的行为难以掌控，埋下安全隐患。

当走丢的孩子找到后，老师认为似乎并没有产生什么不良的后果，所以未将此事及时向园领导汇报；而在家长接孩子时，又因为忙碌没有及时告知家长，导致家长从孩子口中知道实情后，对老师产生了不信任，认为老师在故意隐瞒。另外，由于老师没有及时向园领导汇报，当家长打电话给园长时，园长的工作也非常被动，错失了处理该事件的最佳时机。当家长向园长表示对老师的不满情绪时，老师能从家长的角度进行换位思考，充分理解家长此时的心情，并意识到自己工作中的失误，能积极主动地登门道歉，表示了自己的诚意和勇于承担责任的态度，用关爱孩子的实际行动来感动家长，化解矛盾，最终取得了家长的谅解。

 教育策略

一、及时汇报情况，安抚孩子的情绪

如果孩子发生了一些小意外，教师要第一时间通知家长、园领导及保健老师。教师要以坦诚的态度告知家长、园领导事情的详细经过和真实结果，不能隐瞒事实、制造谎言，并且要非常诚恳地向家长道歉，勇于承认自己在工作中的不足。

由于意外的发生会对孩子的情绪造成一些不良影响，教师要及时安慰，并时刻关注孩子的情绪变化，消除不良情绪。有些孩子经历这样的事情后，可能会表现得比较脆弱，教师一定要多安慰。对于受到惊吓比较严重的孩子，要及时与家长沟通，共同想办法帮助孩子，让孩子尽快摆脱害怕甚至恐惧的不良情绪。如果教师和家长无法解决，就要找专业人士对孩子进行心理疏导，以免对今后的发展造成不良影响。

二、学会换位思考，勇于承担责任

有些家长得知孩子有意外发生时，情绪上无法控制，语言上比较过激，这时老师要调整好心态，理性地站在家长的角度，耐心、虚心、诚心地听取家长的指责和宣泄，不能和家长有过激的对话，尽量满足家长合理的要求，冷静处理，调节好自己的心态。若孩子因事故而需要治疗，教师要经常打电话或去孩子家里探望，及时了解孩子及家长的需要。必要时，还应该和家长一起进行陪护，争取家长的谅解。

三、认真做好预案，增强防范意识

在一日活动中要增强防范意识，把孩子的身体健康和生命安全放在工作的首位。特别是外出活动时，教师一定要事先熟悉活动的场地，排

除其中的安全隐患，并与其他工作人员一起做好各种预案，以防意外发生时能及时有效地处理，将对孩子的危害和不良影响降到最低。

另外，由于学前儿童缺乏生活经验，危险意识薄弱，自我保护能力相对较差，容易遭受意外伤害。因此平时还要经常进行安全教育，让孩子们有自我保护的意识，掌握一些简单的自我保护的方法，也要指导家长注重对孩子进行安全教育。

四、消除隔阂，以诚相待

在日常的交往中，要坦诚相待，取得家长的信任。事情得到处理后，对待孩子要比以前更加关注和关爱，并及时反馈孩子进步的地方，和家长保持良好的关系，消除彼此间的隔阂。试想，在这样一个和谐、愉快、充满爱的班集体中，家长也会尊重老师的付出，同时也会理解老师的良苦用心。

延伸与讨论

幼儿园有些意外是完全可以避免的，请从自己的工作经验出发，谈谈安全教育中的一些有效做法。

（安徽省合肥市栢景湾幼儿园　祖　莉）

7. 勇于应对棘手事件

　　1. 我们的工作不仅要做得好，还要交流、沟通得好，这样的家长工作才是成功的。

　　2. "将心比心"是家园相互理解的法则，多站在家长的角度理解家长的心理需要。

　　3. 家长工作中的棘手事件不可避免，要勇敢、冷静地面对，逐步积累家长工作经验。

　　在幼儿园里，一线的老师常常会碰到这样的问题：孩子小，经常会发生抓、咬、碰伤等情况，如果处理不好，将会引起误会与不满。如何处理好这类事情呢？

 案例及分析

咬人事件

　　刚开学没几天，新生骏杰在午睡醒后等待起床之际，一连数口咬了晶晶，有的地方已被咬破了皮。见此情景，陈老师和阿姨心疼不已，连忙帮着上药、冷敷、安抚晶晶情绪。晶晶是一个十分乖巧听话的小女孩，被咬成这样还一声不吭，不哭不闹。老师在心疼之余，又相当愧疚，为没有看管好、照顾好孩子而自责。为了更好地解决此事，老师思考再三后给骏杰的妈

妈打了电话，告知此事。

　　骏杰妈妈当即在电话中说："我家孩子是不会主动咬别人的，肯定是别人先惹他了，不然他不会咬的。你们打电话给我是什么意思？"于是，老师耐心地告诉她：下午来接孩子时，希望家长能当面向被咬的小朋友及家长道个歉。下午放学时，骏杰妈妈和奶奶拎着一箱牛奶来园看望晶晶，了解晶晶被咬的情况。老师没有当众告状，而是悄声告诉家长"请等一会儿"。等接孩子的人潮退去后，老师礼貌地接待了她们，将她们领进教室看望被咬的小朋友，并等候晶晶家人的到来。当骏杰妈妈和奶奶看到晶晶被咬的胳膊时，她们都大吃一惊，不由得同时发出："啊！怎么咬成这样？"骏杰奶奶抬手就要去打骏杰，陈老师立即制止并说："教育孩子不在于发生事情之后，而是贵在平时；再者，打既不是教育孩子的好方法，也不是解决问题的好办法。"

　　晶晶爸爸来接孩子时，老师主动迎了上去，向晶晶爸爸说明事情的经过，并向他致以歉意。晶晶爸爸看到孩子被咬的胳膊后，尽显心疼之意，但看到老师已帮孩子上过药，并对孩子关爱有加，况且解释、道歉在前，也不好再说什么。骏杰的妈妈和奶奶又拉着骏杰向晶晶和她爸爸道歉，晶晶爸爸一边摸着孩子的胳膊一边说："没事，没事。"晶晶爸爸原谅了骏杰，他的大度与宽容给这件事画上了圆满的句号。

　　案例中的老师做得非常好。首先，在事情发生后，及时处理被咬的伤口，安抚幼儿情绪。其次，第一时间告知咬人的小朋友家长，让其知道发生的事情，留给家长思考的时间。再次，对于"护犊"心切的家长不友善的态度不予计较，反倒耐心地、善意地提醒家长该做什么。另外，咬人的小朋友家长来园后，老师没有当众大肆宣扬其孩子的错误，而是悄悄地告诉家长稍等片刻，等接孩子的人潮退去后，礼貌地接待了她们，领进教室看望被咬的小朋友，这样做，防止了事情的扩大化，避免了众人皆知的尴尬，给咬人的小朋友和家长保留了颜面。最后，能够积极、主动地向被咬幼儿的家长解释、道歉，消除了家长的不满与误会。

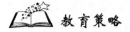 **教育策略**

一、掌握事态发展的主动权

教师是家园工作的主导者，掌握着工作的主动权，遇到事情主动解释，及时道歉与处理，有利于把握事态发展的方向。当事故发生后，我们首先想到的应该是承担，而不是推卸，积极面对才是上上策。有的教师可能有顾虑，害怕承担责任，采取逃避的办法，结果适得其反，反倒引起家长的误会与愤恨。其实，家长工作中的很多误会，都是因为教师没有做到及时与家长交流、沟通，才引起家长的不满与误解。相反，勇于担当，坦诚面对，反而会赢得家长的理解与宽容。

二、事故发生后如何去处理

事故发生以后，我们要勇于承担责任，及时处理伤口，安抚幼儿情绪；主动打电话告知双方家长，做到不隐瞒、不回避；可根据情况带上礼物，登门家访，看望受伤幼儿；对于暂时不能入园的孩子，要常常打电话询问，随时关注孩子的状况，直到幼儿正常入园。"将心比心"是让家长理解我们的法则。

对于犯错的幼儿，在保护孩子心灵的基础上，进行正确的批评、教育与帮助，使其认识到所犯错误的严重性，确保以后不再犯类似的错误，把不良习惯消除在萌芽状态。

三、包容、理解家长的抱怨与质疑

俗话说：孩儿是娘的心头肉。孩子在园被其他幼儿抓、咬后，做父母的都会心疼、难过，有的难免会有不当言辞和举动，我们要理解家长的心情，包容他们的言行，不去与之计较。

对于"护犊"心切的家长，我们在理解的基础上，要给予一定的包容。因为在他们眼中自己的孩子是最好的，也是最疼爱的，即使犯了错，也会第一时间原谅孩子，有的家长会找理由帮孩子开脱，有的甚至会责怪、抱怨、质疑对方孩子和老师。

所以，老师要有良好的心态，要有一定的耐心。对某些家长的不配合感到不满时，不能迁怒于孩子。对于家长的抱怨与质疑，我们要学会站在家长的角度看问题，并给予充分的理解和包容。只有这样，才能达到互相理解、互相支持、互相包容。

四、掌握好与家长交流的方法

"赢得一个家长等于赢得一百个家长，而放弃一个家长也就等于放弃一百个家长。"家长对幼儿园的教育教学配合与满意程度，取决于教师的态度和方法，离不开教师与家长的及时沟通和充分交流。我们的工作不仅要"做得好"，还要"交流、沟通得好"，这样的家园工作才是成功的。

要想取得家长的支持与配合，在和家长交流时，首先要在第一时间详细地告诉家长事情的来龙去脉，同时要注意自己的语气和用词；其次态度要诚恳，不隐瞒、不回避、不遮盖；再次不要以告状的态度与家长交流，可以先讲讲孩子的闪光点以及最近表现好的地方，然后再提出需要改进的方面，这样家长容易接受；最后要了解家长的文化层次，有的家长文化层次低，又有"恨铁不成钢"的心理，教育孩子的方法很简单，就是一个字——打，对于这种情况，我们在和家长交流时，可以告诉他们一些教育孩子的好方法，指导他们如何去做。

延伸与讨论

1. 在你班上有孩子碰撞事故发生吗？你是怎么处理的？
2. 面对家长的抱怨，你是怎么想的，又是怎么做的？

（安徽省委机关幼儿园　　陈　玲）

第五辑 巧化冲突

在父母的眼中，自己的孩子是最棒的。由于家长与教师身份的不同，在对待幼儿发展问题的立场上会有差异，容易产生误解，甚至发生碰撞。教师应正视现实，换位思考，理解家长的所作所为。同时根据具体事件分析原因，主动沟通，以诚相待、以理服人，尽快消除隔阂，化解矛盾，同心协力共育幼儿。

1. 中途接班怎么办

1. 理解"良好的开端是成功的一半"的道理，做好接班的起始工作尤为重要。

2. 沟通交流是建立人际关系的最佳方法，在交流中双方可获得彼此的认同，切不可忽视与孩子、家长、同事的交流。

3. 只要真心关爱幼儿、真诚为家长服务，最终会融入班集体，为各方所接受。

幼儿教师工作难做，尤其是中途接班工作更加难做。俗话说："万事开头难。"幼儿对原来教师的管理模式已经适应，新教师接手后，面临很多令人头痛的问题，如幼儿很难接受你、家长很难认可你、配班教师很难适应你等等。那么，中途接班的老师应如何尽快进入角色，顺利开展班级工作呢？

 案例及分析

奶奶生气了

休完产假后，裴老师由原来的中班被调整到大班，并担任班主任。由于这时已经到了大班下学期，面临着幼小衔接等各项工作，裴老师带班后将班级的工作重心放到了幼儿学习习惯培养上，对注意力不集中、做小动作的幼儿要求很严，但很快

裴老师遭遇了家长的指责。

事件一：思考椅

兜兜平时学本领很认真，可最近几天他总是需要教师的特别"关注"，不是发呆就是玩手，还喜欢跟旁边的小朋友讲悄悄话。开始裴老师会单独和他交流或用眼神提醒他，可发现他压根儿不理会，依然我行我素，终于在某一天的下午裴老师请他坐上了"思考椅"（班级内单独放置一把小椅子，请自制力较弱的孩子坐1~2分钟安静一会儿），在兜兜表示愿意改正后才请他坐回自己原来的位子。当天下午接孩子的时候家长很多，忙碌中裴老师忘了跟兜兜的奶奶反馈坐"思考椅"的事情。晚上配班老师给裴老师打来了电话，说奶奶回家听宝宝说了下午坐"思考椅"的事后非常生气，奶奶觉得宝宝受了很大的委屈，第二天要来找她理论。配班老师因为不了解具体情况，在电话里也劝不住奶奶，先让裴老师有个思想准备。但是裴老师并不着急，她相信奶奶了解了她的初衷后是能理解她的做法的。

第二天早上，兜兜的妈妈和奶奶都来了，两个人很生气地说宝宝回家哭了很长时间，半夜都哭醒了，今天也不愿意上幼儿园。裴老师赶紧向她们解释事情的原因，但发现她们并不谅解，她们指责裴老师对兜兜的批评，并质问裴老师："为什么以前的老师不会让孩子坐'思考椅'？到底是孩子没学好，还是你没教好？"之后几天，奶奶在家长中传播这件事，后来在原班主任的协调下才算告一段落。

俗话说："亲其师，信其道。"只有当幼儿觉得老师可亲可敬时，老师的话才能起作用。裴老师管理班级的初衷是好的，但她忽略了幼儿和家长对新教师的适应是有一定时间的。一般来说，幼儿和家长都已经习惯了前任教师的教学和管理方法，一时之间不能完全接受新任教师的教学风格，他们总会带着一种审视的心态，有时甚至会对新任教师产生排斥心理。

从案例中不难看出：首先，裴老师还没等幼儿在情感上接受自己，就开始了严格的班级管理，这让幼儿从一开始就有了畏惧和不配合心理；其次，在家长还没有认可她的情况下做了否定孩子的教育行为，这让家长觉得自己和孩子的自尊心都受到了伤害；其三，在事件的处理上，裴老师没有及时和配班教师沟通，这让配班教师在接到家长电话后无法第一时间进行协调处理；另外，裴老师当天下午没有及时和家长沟通，家长通过孩子了解了事情的经过。这些都造成了裴老师在后期处理问题时过于被动，以至于需要原班主任出面协调，这样反而让家长更加喜欢拿她和原班主任进行比较，对日后各项工作的开展非常不利。

作为中途接班的教师，在实施新的教育方法时不能操之过急，应先了解班级常规、孩子个性、家长需求，融入班集体，让他们认同你、接纳你后再实行新的管理方法。

事件二：分糖果

有了"思考椅"的事件后，裴老师对兜兜变得小心翼翼，尤其在每天下午奶奶来接时，都是主动说说兜兜当天的情况，大家和平相处了一段时间。让裴老师没想到的是，又出问题了。一个小朋友带来了糖果和大家分享，裴老师就让这个小朋友先把糖果发给洗好手的孩子，当发到正在玩玩具的兜兜时，裴老师说："等兜兜玩好了，洗好手再拿吧。"兜兜看看老师就答应了。而当奶奶来接的时候，兜兜跑到奶奶跟前嚎啕大哭，告诉奶奶他没有分到糖果。奶奶听了宝宝的诉说后，认定老师是在打击报复兜兜，故意不给他吃糖。奶奶不听裴老师的解释，在班级门口当着其他家长的面发了一通火，接着愤怒地要去找园长……

从案例中可以看出，兜兜的家长并没有从"思考椅"的事件中走出来，他们仍然对教师抱着不信任的态度，时刻在观察教师的言行，担心自己的孩子受到"不公正"的待遇。而"分糖果"只是一个极小的诱因，裴老师没有及时把糖给兜兜，又没有明确地告诉孩子原因，敏感的孩子认为老师不给自己吃糖，当家长看到孩子哭着诉说时，就很难理智、平和地与教师沟通了。由此可见，教师要想在家长心中消除不良的影响，让家长真正接受你，并非一朝一夕的事。

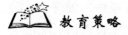 **教育策略**

作为一个中途接班的教师，该如何开展工作呢？我们不妨从以下几方面来考虑。

一、主动沟通，让家长了解自己、接纳自己

教师在中途接班后，可以通过家长会、家访、约谈、电话联系等方式与家长建立联系，让家长认识新老师。其中，通过家长会这种集体的形式让家长认识新教师，不失为一个好的方法。教师要做好充足的准备与家长面对面沟通，给家长留下良好的第一印象，一方面可以消除家长的许多困惑，另一方面为今后的家访、约谈搭建桥梁。

二、倾注爱心，与孩子建立良好的师生关系

爱是教师走进幼儿内心的有效途径，也是幼儿接受新教师的桥梁。由于前任教师在幼儿心目中已有一定的位置，对于新来的接班老师，他们会产生陌生感、不安全感。新老师应特别注意和孩子们的相处，用真挚的爱给他们以亲切感、信任感、期望感。一个宽容的微笑、一次温暖的抚摸、一声亲切的问候、一次友好的帮助、一句鼓励的话语，都可以拉近你和孩子间的距离，让他们敞开心扉接受你。

三、将心比心，冷静处理与家长间的矛盾

当与家长发生矛盾时，教师应克制自己的情绪，冷静思考，站在对方的角度审视自己的行为，将心比心获得对方的理解和认同。对待孩子的抵触情绪，新教师要多宽容、多鼓励、多关爱；对待家长的不理解，新教师要多接纳、多交流、多沟通。例如，将家长请到教师办公室或其他比较独立的空间，心平气和地说明事情的缘由，说清自己的良苦用心，主动反思自己行为的不足，获得他们的理解。通过谈话，让家长了解到，他们所了解的情况可能是片面的，其情绪自然会缓和下来，有利于解决问题。

四、真诚合作，与配班教师共同开展班级工作

班级内三位老师的配合非常重要。由于原来教师之间已相互适应，与中途接班的教师一时难以达成默契，这就更需要接班老师积极主动地沟通，与班级教师真诚合作，实现保教工作的一致、与家长交流的一致，相互协助，共同管理班级。

作为教师，只要你尊重孩子、关爱孩子、理解孩子、接纳孩子，从点滴之中发现他们的闪光点，你就能成为他们最可亲可敬的朋友，和他们一起每天都快乐。即便你是新接班的老师，也会赢得孩子的爱戴和家长的信任。

延伸与讨论

1. 你有过中途接班的经历吗？你觉得应如何获得家长的认可？

2. 你认为中途接班要解决的关键问题是什么？如何解决？请举例说明。

（安徽省合肥市栢景湾幼儿园　李罕婧）

2. 匿名批评怎么办

1. 教师不可能做到十全十美，有家长表达意见是正常的，不要为此失去信心。

2. 面对家长的意见，教师不仅要以平常心对待，更要积极分析问题所在，有则改之，无则加勉。

3. 尽量将问题在班级内解决，这需要坦诚的沟通、丰富的经验，最重要的是高度的责任心。

在幼儿园，每学年结束时都要对老师进行学年考核，其中也包括家长给老师打分考评。家长的考评中有赞扬的，也有提建议的，当然还有不满意的，下面的案例中就出现了此类情况。

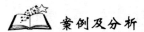 案例及分析

令人意外的考核结果

学年考核即将来临，考评中有一项是家长评议，请家长来给自己孩子所在班级的老师进行匿名打分，并投递到幼儿园的小信箱。幼儿园从家长的考评结果中，评选出"家长最满意的教师"。

张老师平时尽职尽责，一直都是大家公认的好老师，所以这次园内的年终评优，张老师还是信心十足的，觉得很有把握

能评上"家长最满意的教师"的光荣称号。可就在张老师满怀希望地等待时，园领导拿来了几张家长给她填写的"调查问卷"，张老师接过一看，傻眼了，上面竟然有好几项都写着不满意，还有一些意见。张老师委屈的泪水在眼眶里打转，心想：自己平时工作如此认真，怎么还会有家长不满意，而且平时与家长沟通交流时，他们为什么不提出来呢？张老师很难受，一直想不明白。

上述案例中发生的一幕，会让老师接受不了，委屈难过，不明白家长的想法和做法。但作为教师，我们不能仅从自己的角度来考虑问题，要一分为二地进行分析。

一、家长对老师的评判角度不同于领导和同事

从案例中可以看出，张老师是一位"公认"的好老师。但这里所谓的"公认"可能是园内领导或者同事下的定论，他们往往会更多地根据张老师的业务能力等方面来进行判断。但作为家长，他们观察一位老师的角度与同事、领导是不同的，况且家长在职业、身份、文化程度和个人修养等方面存在差别，每一位家长都会依据自己的理解来进行评判。

例如，有的家长希望老师能对自己孩子在生活上细心照料，有的家长希望老师在组织活动特别是教学活动上多下工夫，也有的希望老师能关注幼儿行为习惯的培养，还有的希望老师能和孩子打成一片……老师是否能做到面面俱到？所以当孩子在生活和学习上出现一些问题时，家长自然而然地认为老师没有做好工作。

二、与家长沟通交流不够顺畅

家长在期末的匿名调查中反映问题，而不在平时当面反映，说明张老师与家长的沟通交流存在问题。张老师并没有完全取得家长的信任，当家长有了疑惑、不满时，不愿直接反映。有的家长可能认为：孩子还要老师继续教，当面提出会得罪老师，对自己孩子不利，所以他们宁愿忍在心中，也不敢开口询问。而年终的匿名调查正好成了家长们反映问题、

表达不满的"最佳"方式。

三、积极反思，寻找原因

张老师心里很难受，觉得受了很大委屈，这在情理之中，值得理解。但作为幼儿园老师，她应该理解家长的良苦用心。教师千万不能一味地伤心难过，而是要冷静下来仔细分析，对照幼儿园教育的各个环节，检查自己做得是否正确，特别是在与家长沟通交流时，是否能让家长畅所欲言。案例中的张老师，虽然平时工作认真负责，但既然家长在某方面提出了意见，她就要好好反思一下自己的日常工作，有可能确实疏忽了某个孩子或者某个环节。老师在反思、总结后，不断完善，本着爱心、耐心、有责任心的原则对待孩子，一定会减少或避免类似情况的发生。

📖 **教育策略**

一、寻找问题症结，积极面对

当家长在考核中以匿名方式表达对教师的不满时，教师应该学会控制自己的情绪，保持冷静，切不可到处揣测询问。教师应该仔细研究这些不满意见集中在哪些方面，家长的意见到底是什么，然后反省自己的日常工作，分析家长为什么会在这些方面对自己有意见。如果发现家长提出的意见确实是自己工作的疏忽，教师在今后的工作中要引起重视，并主动和家长进行多方面的沟通，表明自己知错就改的良好态度。如果是家长误会了，教师也无需过于委屈，在今后的工作中，继续加强这些方面的工作，让家长满意。

二、以实际行动消除与家长交往中的隔阂

在今后的工作中，教师要继续努力做好各项工作，主动了解家长的需求，对合理的需求尽量予以满足，不合理的需求或受客观条件限制无法满足的，也要及时向家长说明原因，解释清楚，争取家长的理解和配合。教师诚恳的态度和工作中的尽心尽责，会让家长感受到教师对自己反映的问题并不是敷衍了事，而是认真对待的，渐渐地就会赢得家长的

信任和支持。同时，家长的性格、交往能力等各不相同，教师也要注意揣摩家长的心思，抓住需要沟通的问题，及时向家长解释说明。特别是那些不常联系的家长，教师也不能忽视，而应该主动询问，征求他们对自己工作的意见和建议，让每一位家长都感受到教师对自己孩子及家长本人的关注和重视。

三、常反思，找出问题，不断提升自己

教师要想获得家长的认可，需要不断提升自己各方面的能力，要在日常工作中常常反思，找出问题，及时改进。

教师的反思可以是针对自己常规工作进行的，如对照一日工作的各项要求，反思自己是否有处理得不够妥当的事情，是否忽视了某些地方；有些反思是针对突发事情进行的，如有的幼儿出现了不良的言行，自己在处理时是否正确。教师在反思的同时最好能用教育笔记的方式记录下来，以便进行归纳、总结和提升，为自己今后的工作积累宝贵的经验。

四、听取意见，共商育人

教师积极地消除了家长的顾虑后，还应该创设条件与家长进行沟通交流，愿意倾听家长的合理意见来改进工作，出现问题及时解决。

例如，可以利用家长会、QQ 群等方式，开诚布公地与家长交流教育方法，耐心地做好释疑工作。一般来说，家长与孩子朝夕相处，对自己孩子的性格特点、兴趣爱好了如指掌，因此他们能根据自己孩子的性格特点和生活需要，给予老师一些很好的建议。教师可以利用家园信箱、家园联系册、家长会和电话经常同家长联系，向家长征求意见，鼓励家长提出一些中肯的建议，虚心听取他们的建议，改进自己的工作。这样会使家长觉得教师可亲可信，从而诚心诚意地支持和配合教师的工作，也提高了教师的威信。这样，当家长有意见时就不会有所顾忌，可以当面提出。

1. 你认为家长匿名考评是否合理？你是否经历过匿名考评？说说你的经历。

2. 假如你在匿名考评中遭遇家长的批评，你会如何应对？

（安徽省委机关幼儿园　卜俊俊）

3. 遭遇误解怎么办

1. 主动、直接、经常与家长沟通，可以减少误解的产生。
2. 不要害怕产生误解，有时它会成为改善家园关系的契机。
3. 只有在家长和教师双方都处于冷静的状态下，才能进行良好的沟通交流，才有利于误解的消除。

有时家长难免会对教师产生误解，此时，教师应该表现得大度、宽容，主动地分析原因，与家长沟通，化解矛盾。

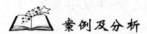 案例及分析

与牛牛妈妈产生的误解

在爸爸妈妈的眼里，牛牛是个身体比较弱的孩子，这也让我们对牛牛在园的身体状况更加关注。

一天中午起床时，牛牛尿床了，我赶紧联系牛牛妈妈，请她尽快送裤子来幼儿园给牛牛换上。保育老师把他放在另一张干净的床上，叮嘱他安静地躺一会，并帮他盖好了被子。

半小时后，牛牛妈妈急冲冲地跑进午睡室，情绪非常激动。安顿好孩子后，我试着安慰她，没想到还没说话，她就哭了，边哭边训斥孩子。我想她之所以情绪激动，主要原因是担心孩子会因为尿床而着凉。于是我说："您先别激动，孩子尿床也不

是故意的，我们别责怪孩子好吗？您放心，我们第一时间给他脱去了尿湿的裤子，抱到了干净的床上，您刚才也看到了，孩子一直在被子里，应该不会着凉的，我们下午也会多关注他。"听后，牛牛妈妈说了一番孩子着凉后会有多难受、多痛苦，家里人多担心之类的话，我也不住地点头，并一再让她放心。过了很久，她才离开了教室。

第二天，牛牛爸爸来电话给牛牛请假。第三天一大早，妈妈带着牛牛走进教室，我连忙问："牛牛昨天怎么没来啊？"妈妈没好气地说："生病了，还不是前天尿床着凉了嘛！"说完便忙着给孩子铺被子，不再理睬老师。我能看出来她还是有怨气的，总认为是老师没有照顾好才造成孩子生病的。然而那天中午，尽管我一直关注着牛牛，小家伙还是在快要起床的时候再次尿床了。这下妈妈的火气更大了，骂骂咧咧地让我无言以对。

接下来的几天里，妈妈每次送牛牛来之后总在教室外面徘徊，似乎不放心将牛牛放在班上，却又不愿意和老师沟通。看到这种情景，我很着急，开始在孩子的爸爸身上找突破口，就这件事和爸爸进行沟通。从爸爸的口中我得知，牛牛从小身体就不太好，妈妈在照顾牛牛时付出了很多。而且妈妈性格比较急躁，尤其在遇到与孩子身体健康有关的事情时就会控制不住，爱发脾气。这几天她悄悄地在教室外观察，也是担心自己和老师的不愉快会影响老师对孩子的态度。

我渐渐理解了一个母亲的心。但是，在牛牛妈妈对我产生误解的同时，她也必定对我们产生不信任，这对于家园合作以及孩子的发展都是不利的。如何消除我们之间的误解呢？

首先，我进一步了解牛牛尿床的原因。原来，牛牛中午入睡困难，常常要起床小便。我担心频繁起床孩子会着凉，于是控制了他小便的次数，以致快起床时他因憋不住而尿床了。在了解了事实的基础上，我也反思了自己的行为。接下来，我打电话邀请牛牛的爸爸妈妈来幼儿园进行一次约谈，针对牛牛近期的表现以及上次发生的事情进行真诚的沟通。约谈进行得比较顺利，我们双方都认识到自己的不足，牛牛妈妈也就她的态度向我表示了歉意。此后，我更加关注牛牛的身体，也经常主动和牛牛妈妈沟通孩子在园的表现，我们的关系得到了很好的改善，她也不再对我抵触和误解了。

虽然案例中的母亲对孩子的关心有些过头，但教师给予了充分理解，并着力化解母亲的误解。在类似的事件中，教师应该表现出大度、主动的态度。

一、了解事情的真相，反思自己的不足之处

当误解产生时，教师一定要客观分析误解产生的原因，了解家长在哪方面对教师的行为产生了误解。如案例中，根据家长极端的态度老师意识到，家长对于孩子尿床后教师的照顾不周感到生气，认为孩子生病也是老师的过错。老师在了解了尿床的真相后反思自己在教育过程中的缺失，意识到自己的不足。老师只有认识到自己的不足之处，才能真诚地和家长进行沟通交流。

二、注意沟通的时间和方式，不可操之过急

当牛牛的妈妈情绪非常激动时，不是沟通的最佳时机。老师选择了先与牛牛爸爸进行沟通，侧面了解牛牛在家里的情况以及牛牛妈妈情绪激动的原因，这样便于进一步理解家长的行为。等到双方都平静下来，再找适宜的时机进行面对面的交谈，往往能达到最佳的效果。

三、理解家长，善待孩子

家长对老师的意见或误解都源于对孩子的爱，绝不会有意地找麻烦、寻事端。所以，老师没有把所有的误解都归因于家长的错误，而是用自己真诚的态度消除家长与教师之间的隔阂。此后，老师更加关注牛牛的身体，经常主动地和牛牛妈妈沟通。在对待牛牛体质弱的特殊问题上，老师也向家长学习如何细致地护理幼儿身体，使家长彻底消除误解。

 **教育策略**

一、与家长主动、直接地联系可以减少家长误解

少数家长对教师产生误解，往往与幼儿的片面叙述有关。所以，教师一定要善于主动地、直接地和家长进行沟通，告知孩子家长在幼儿园发生的事情，避免家长因听到孩子的错误汇报而产生先入为主的印象，对教师的行为产生误解。如孩子在幼儿园摔跤了、与哪个小朋友打架了等等，一定在家长接孩子时或者提前电话联系告知家长，以消除家长的担忧和误解。

还有的家长教育观念和幼儿园不一致，对教师平时组织的各项活动产生误解，从而不愿配合。在小班新生刚入园时，我们就要承担起向家长们宣传科学教育理念的任务，从而使得家园教育观念保持一致，也会大大减少家长对教师的误解。

二、讲究技巧，善于倾听

对"粗暴型"家长不妨冷处理，以柔克刚，因为以粗制粗，以暴制暴非但解决不了问题，反而会激化矛盾。对"护短型"家长要晓之以理、动之以情，用巧妙的方式让家长认清护短的危害性。对"踢球型"家长要设法从孩子入手，使家长从孩子身上看到希望，从而理解、信任和感激教师。但不管是哪种方法，教师首先要做的是耐心倾听。听和倾听是不一样的，单纯的听是被动的，而倾听是对信息进行积极主动的搜索。在倾听对方说话时，应注意进行"角色换位"，一方面从他人角度来考虑、分析说话者的意图，另一方面从他人角度来考虑自己对对方信息作出反应后，对方会有什么样的理解和反应，这样可以提高倾听效果。

三、要学会控制情绪

当沟通双方由于某种原因产生情绪波动时，最好暂停沟通，直至恢复平静后再进行沟通。有时候教师因为家庭问题、个人问题等情绪不好，此时如与家长沟通，必然会效果不理想，容易产生误解。同样，家长为

了孩子的事情对幼儿园的某种做法有意见时，会怒气冲冲地找教师或园长理论。在这种情况下，教师一定要理智，控制好自己的情绪，不要急于辩解，尽量避免与家长抬杠。教师不分场合与家长争执，只会让家长认为教师对自己的孩子或者自己有偏见，甚至认为教师是不负责任的，这样更不易沟通。教师要从疼爱孩子的角度理解家长的心理，并从关爱孩子的角度谈论问题，这样家长更易于接受。对于极个别蛮横不讲理的家长，教师也要不卑不亢，理性地将事情解释清楚。

延伸与讨论

你如何看待家长对老师产生的误解？遇到类似的情况你又是如何应对的？

（中国科技大学附属幼儿园　王小婵）

4. "三高"家长怎么办

阅读指引

> 1. 孩子能成为"精英人才、拔尖人才"是每个家长的愿望，也是教师的愿望，理解家长的想法，但不能绝对认同。
>
> 2. "透过现象看本质"，不仅要看懂孩子，还要看懂家长。
>
> 3. 要让家长认同你的教育理念，必须让家长看到你的教育方法和成效。

"三高"通常指高学历、高职位、高收入，这部分家长受过高等教育，思维活跃，视野开阔，对子女的教育更是非常重视。面对他们，教师会感到工作难以开展，压力倍增。在工作中遇到这样的家长该怎么办呢？

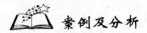 案例及分析

面对家长的责问

晨晨爸爸是位博士，虽然接送孩子的次数不多，但对孩子的教育非常关注，不仅时常看教育类的专业书籍、网上的育儿心得等，还每天关注孩子的在园表现。

一天下午刚起床，晨晨爸爸就沉着脸站在了教室门口，一脸严肃地直接表明态度："昨晚听我爸说孩子在园犯错了，问晨晨情况，他怎么也不愿说，好像很委屈，一个晚上都不高兴。

我今天来是想问问老师，当时是怎样处理孩子犯错误这件事的？"

王老师真诚地说："晨晨是个聪明的孩子，也很爱面子。"晨晨爸爸很激动地打断说："正因为我儿子爱面子，试问老师在教育他时保护他的自尊了吗？""昨天我们是私下谈心的，之所以告诉爷爷，是希望家长了解孩子在园的情况，同时配合教师，督促孩子改掉小毛病。"晨晨爸爸的态度缓和了些："教育孩子我并不反对，但孩子需要的是鼓励，批评教育只能适得其反。""鼓励固然重要，一味地鼓励并不可取。找出孩子不开心的原因，是我们的共同目标。"晨晨爸爸还是坚持着："孩子昨晚很不开心，他最在意的是老师的态度，我想孩子已感到了压力，这是不利于孩子成长的。"王老师耐心地说："过于呵护孩子的心理，就是剥夺了他承压的能力。孩子只有明白了自身存在的问题，才会控制自己的行为。你很在意孩子不开心的情绪，实则是无形中给了孩子心理上的暗示，今后孩子会利用这点为自己的错误行为寻求保护伞的。""我相信我儿子不是故意犯错误的。"晨晨爸爸的语气已没有了开始时的咄咄逼人，明显地软了下来。王老师听后笑着说："没有一个孩子是故意犯错的，良好的习惯是需要从小培养的，如果一个小毛病不及时纠正，孩子会在不经意间重复，可能会变成一种习惯，这就是我们常说的'小不管则大乱'。晨晨就是常犯这样的小毛病哦！"这时晨晨爸爸似乎能接受老师的观点了。王老师趁热打铁说："我想就晨晨昨天在园发生的事和你沟通一下，看看我们怎样配合，尽快帮助孩子改掉不良习惯。"晨晨爸爸欣然接受了王老师的建议。

案例中家长的态度逐渐缓和，很显然与教师有理有据的专业分析是密切相关的。所以，不管面对何种家长，最关键的还是教师的专业素养。

一、家长只关注孩子心理，忽略事件本质

"三高"家长由于受教育的程度高，对于孩子的教育也非常重视。他

们不但关注孩子的认知发展，更加重视孩子的个性成长，特别是心理的健康。因此，本案例中晨晨回家反馈的信息中有任何"不开心"的事情，势必会令家长格外紧张和不安。此时，晨晨爸爸惯有的理性思考也会随着孩子的情绪而减退，表现出的任何行为都是以自己的孩子为中心，忽略了对事件原因的分析。

此外，"三高"家长对老师也有很高的要求。晨晨爸爸了解最新的育儿理念，但平时工作繁忙，缺少与教师实质性的互动，常从孩子回家后的情绪或只言片语中，猜测孩子在园的情况，推断教师的教育方式。

二、教师遇事不急不躁，准确把握本质

案例中的教师把握了家长的心理，做到不急不躁。沟通时从孩子身上存在的问题入手，清楚地向家长表明孩子不是犯了错误，而是存在着问题。同时，对家长在教育方法上存在的问题也进行了剖析，并主动提出和家长共同配合，帮助孩子建立良好的习惯。

在交流中，面对家长的不满和责问，教师始终没有急躁、不耐烦，而是就孩子本身的问题进行交流，让家长了解教师的所作所为是为了孩子的成长，这就初步赢得了家长的尊重，为后面的家园配合奠定了良好的基础。

 教育策略

一、完善沟通体系，及时反馈信息

"三高"家长对孩子非常关注，而且会对某些细节性问题非常在意，孩子一旦出现与自己的想法、观念不一致的言行习惯，家长就会表现出忧虑、紧张等情绪，久而久之就会对教师产生不满。所以，要制定一套完整的沟通体系，定期和家长相互反馈幼儿在园、在家表现。特别是当孩子出现一些变化和异常表现时，教师要第一时间和家长联系，告知事因和处理方式，避免不必要的误会。

另外，教师还可以与家长共同为幼儿建立成长档案，采用文字和图片结合等记录形式，让家长感受到孩子在园的变化和成长，使家长安心、放心。

二、专业引领，建立互信，合作共赢

教师要认识到相互信任是开展工作的基础，不强求家长听教师的建议，不迁就家长的不合理要求，建立平等对话的平台，对话中做到言语得体，不急不躁。悉心与家长进行情感沟通、信息交流，让家长了解幼儿园的教育思想和教育要求，感受到教师工作的尽心尽责，从而萌发对教师的敬佩和尊重之情。

除此之外，教师还应该根据孩子的具体情况，与家长一起认真分析孩子出现的问题，寻找解决问题的途径。在这个过程中，一方面，教师要用专业知识全面分析问题、有针对性地解决问题，让家长发自内心地认可教师是专业人士，在教育中更有发言权，为日常工作的开展奠定基础；另一方面，面对家长的不理智，教师要晓之以理、动之以情，心平气和地处理问题，冷静面对家长的冲动，用真诚来打动家长的内心。

三、宣传科学保教，指导家长理性实施家庭教育

在孩子的教育上，"三高"家长的"心病"比一般家长要多，他们更容易产生焦虑和偏激的情绪。有的家长偏向重视认知发展，有的家长过度呵护孩子等等，这些都很容易把一些负面影响传递给孩子，造成家庭教育的误区。教师在遇到类似的家长时，有责任进行科学保教知识的宣传，指导家长树立科学的家庭教育观。

偏向重视认知发展的家长，他们相信教育能够改变一个人的命运，因此给孩子施压，给老师施压，要求老师多传授知识，让孩子多学知识。面对这样的家长，教师首先要理解他们的初衷是好的，除了宣传科学保教知识外，要帮助家长多方面分析：过多的要求会不会违背了孩子成长时期的规律？给孩子压力会不会激起孩子强烈的叛逆心理？同时向家长介绍孩子在园快乐游戏中的表现，邀请家长参加幼儿园的活动，让家长认同你的教育理念。

过度呵护孩子的家长，他们给孩子创造了优越的生长环境，但也容易导致孩子各方面过于敏感，经不起挫折。当孩子在幼儿园里出现一些与家长意愿不一致的状况时，家长往往只关注表象，而忽视了背后的实

质。面对这些家长，教师要注重和他们多沟通，要积极地帮助家长分析孩子产生问题的原因，和家长一起解决问题。平时还要及时向家长反馈孩子出现的问题，指导家长走出教育的误区，还可以组织一些班级小范围的活动，邀请几个家庭参加，让家长在活动中直观地观察、了解孩子的发展状况，让家长间相互学习，以获得良好的育儿方法。

延伸与讨论

　　1. 你接触过的家长中，有这样的"三高"家长吗？你有好的沟通策略可以和大家分享吗？
　　2. 针对那些过度重视孩子、增加了自己和孩子的心理压力的家长，教师应该怎么办？

（安徽省政府机关幼儿园　王文红）

5. 家长不愿配合怎么办

> 1. 平等、尊重、真诚方能赢得家长对你的信任和认同。
> 2. 面对不听劝告的家长，你一定要选择坚持，以达成共识。
> 3. 你的宽容、付出和坚持将会赢得孩子健康快乐的人生，这么做是值得的。

由于每个家长的认识不同，在养育孩子时所采用的方式也会不同，往往会和学校出现教育观念上的偏差。作为教师，我们有责任向家长宣传科学的育儿知识，但可能有些家长并不配合。因此，如何实现家园同步的教育，也就成了家园工作的一项重要内容。

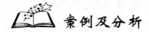 案例及分析

穿着时尚的丽丽

丽丽是刚转入中一班的一个小女生，她每天穿得非常时尚，聪明漂亮却不爱动。一天游戏活动后，王老师带孩子们依次去上卫生间。过了一会儿，王老师开始上课，突然发现丽丽不见了，最后在卫生间里找到了她，只见丽丽低着头一句话也不说。王老师问："丽丽怎么了？"丽丽说："我尿裤子了。"王老师说："没关系，老师给你换条裤子。"当老师来帮丽丽脱裤子时，才发现丽丽的裤子很紧，裤腰很低，很难脱。下午丽丽妈妈来接

孩子时，王老师告诉丽丽妈妈："今天丽丽尿裤子了，主要是因为裤子太紧了，请你以后给孩子穿宽松一点的裤子，这样便于孩子穿脱。"丽丽妈妈说："这条裤子很漂亮，也很时尚。是有一点点紧，明天我给她换一条，谢谢老师。"第二天来园时，王老师发现丽丽换了一条裤子，可还是一条低腰紧身裤。

一天，王老师带小朋友们在户外做游戏，孩子们你追我跑，玩得可开心了，但丽丽好像并不开心。回到教室后，王老师把丽丽叫到身边问："今天玩游戏时，怎么不高兴呀？"只见丽丽用小手指着自己的下身说："好疼。"王老师把丽丽的裤子脱下来一瞧，发现被裤子磨得红红的。王老师告诉丽丽妈妈后，丽丽妈妈点头称是，结果第二天来园时，丽丽依旧穿着低腰紧身裤。

丽丽妈妈还像往常一样来园接送孩子，王老师仍然和平常一样主动和丽丽妈妈打招呼，在幼儿园里依旧不厌其烦地帮助丽丽穿脱裤子。王老师开始留意丽丽妈妈，发现丽丽妈妈的穿着总是非常时尚、新潮，经过考虑，王老师决定再找丽丽妈妈进行一次交流。

实录1：与家长面对面交流

一天下午离园时，王老师找到丽丽的妈妈，说："丽丽妈妈，你的衣服真漂亮，搭配得非常好看，你是服装设计师吗？"丽丽妈妈笑着说："我不是设计师，搭配衣服只是我的爱好。"王老师说："我身材不好，可否给我指点指点。"丽丽妈妈很热情地滔滔不绝地说了起来，她们似乎找到了共同话题，显得很亲近。渐渐地，她们的话题转向孩子的衣饰，王老师说："丽丽的衣服也很漂亮，不过我想给你提个建议可以吗？"丽丽妈妈说："当然可以。""丽丽现在正处于生长发育阶段，肌肉、骨骼都在增长，穿紧身裤会妨碍生长发育的。"接着王老师向丽丽妈妈介绍了中班孩子的生长发育特点，丽丽妈妈听得很认真。最后，王老师向丽丽妈妈推荐了几本关于幼儿生长发育的书籍，建议丽丽妈妈抽空看一看，丽丽妈妈欣然接受了。

实录 2：QQ 群里家长互动讨论

王老师决定抓住教育契机，在班级 QQ 群里以"幼儿穿着打扮是追求时尚好，还是朴素舒适好"为话题展开一次家长互动讨论。

A 家长说："上幼儿园的时候我都给她穿得很朴素，有时还穿她哥哥的旧衣服。"

B 家长说："我家孩子生性好动，喜欢出汗，我给孩子穿衣服不考虑时尚，只要衣服宽松透气就可以了。"

C 家长说："我给孩子选择衣服时，主要考虑衣物柔软、宽松、易穿易脱，材质全棉最好，这样既不伤害皮肤，又利于孩子活动。而用化纤材料织制的健美裤紧包臀部、紧贴皮肤，不利于孩子的成长发育。"

D 家长说："爱美之心人皆有之，我喜欢给孩子穿得漂亮一些、时尚一些，这样把孩子带出去，会很有面子的。"

丽丽妈妈也参与了这次讨论，她说："我原来也喜欢把孩子打扮得时尚些，但我认为在选择时尚的同时还要兼顾舒适，因为现在孩子正处于生长发育期，时尚的衣服未必很舒服，我认为既时尚又舒服是比较好的。"

看到丽丽妈妈的回帖，王老师欣慰地笑了。从那以后，丽丽的穿着变了，丽丽也变得格外活泼了。

案例中家长态度的转变有个过程，但老师很有耐心，也很有方法，终于使家长认同了老师的建议。教师的成功之处在于：

一、找准话题，拉近距离

王老师是位有经验的老师，先对家长的穿着打扮赞扬了一番，让家长对老师产生信任和好感。谈话的内容是从家长感兴趣的话题入手，慢慢将话题转到孩子的衣着卫生，让家长感受到老师待人的平等、真诚，并且能让家长明白，老师找自己交流的出发点是好的，一切为了孩子好。

二、找到原因，对症下药

王老师发现丽丽尿裤子、下身磨红，主要是裤子太紧的缘故。于是王老师给丽丽妈妈建议，可丽丽妈妈却依旧我行我素，王老师没有生气和放弃。从日常观察中王老师发现，丽丽妈妈追求时尚、喜欢漂亮，在幼儿穿衣的问题上，可能考虑得并不是很全面，所以对老师的建议不愿意采纳。经过思考，王老师决定慢慢引导，设计了一次面对面的真诚交流，在赢得丽丽妈妈的信任和好感后，提出建议。王老师又利用班级 QQ 群让家长进行讨论，在 QQ 群里，丽丽妈妈的想法有了转变。王老师选择的方法恰当、合理，对丽丽妈妈的指导也非常有效。

三、耐心、诚恳，打动家长

面对不听建议的家长，王老师没有放弃，相反，每天依旧与家长问好，每天依旧耐心地给孩子穿脱裤子，且毫无怨言。在和丽丽妈妈交谈时，老师从孩子的健康出发，尊重家长的"爱美"观念，适时提出科学的育儿方法，让家长理解了老师的关爱和建议。王老师的真诚打动了丽丽妈妈，达到有效沟通交流的目的。

 教育策略

一、分析原因，因人施法

面对教师的建议，有些家长会无动于衷，教师先要了解其行为的原因，再寻找沟通的方法。面对不认同、不重视教师观点的家长，教师首先要有科学的育儿观，以专业的理论和实例让家长接受你的正确观念；面对不理解或水平相对较低的家长，教师要主动说明方法、降低难度，给予更多指导和帮助，不要强求。面对不同的家长，选择的沟通方法也不尽相同，以理解和尊重家长作为沟通的保障，找准沟通的切入点，以真诚的态度、科学的方法赢得家长的信任和认同。

二、主动、坚持，不离不弃

教师必须积极主动，以主人翁的态度去认识家长、接纳家长。不论

他们的年龄大小、社会地位和文化水平高低，都应同样得到老师的尊重。在与他们交往时，教师更要本着主动、谦虚、谨慎、诚恳的态度，以赢得他们的理解和认同；说话时语气要亲切、平和，避免直接导入问题，用商量的口吻提出看法，与家长一起分析，查找原因，寻找解决办法。不要因为家长的执拗而放弃你的教育原则，更不能因为家长的不配合而放弃对孩子的教育。

三、形式多样，赢得共识

沟通的形式很多，除了一对一的口头交流方式外，我们还可以通过家园联系册、家长信箱、手机短信等方式进行交流。也可以利用家长会、家长学校、家长论坛等集体交流的形式，让家长在与其他家长的沟通中认识到自己教育行为的误区，从而修正自己的行为。另外，还可以利用家长开放日、家园活动等形式邀请家长走进幼儿园，通过实地观察，了解孩子在幼儿园集体活动中出现的问题，切实感受到教师建议的正确性，从而改变他们的教育行为。

延伸与讨论

   1. 面对不听劝告的家长，是选择放弃，还是积极寻找其他办法？你有类似成功或失败的案例吗？

   2. 如果老师事后发现自己的建议确实不合适，是自己错怪了家长，你觉得老师应该怎么办？

（安徽省委机关幼儿园　丁红莉）

6. 制度受阻怎么办

阅读指引

1. 一项新制度的实施，遇到来自家长等方面的阻力在所难免。

2. 落实制度，不是简单的强制执行，更要谋求家长的认同和配合。

3. 制度的制定要充分论证，制定后就要坚决执行。

幼儿园有一套完善的安全制度，但并不是所有的家长都能遵守幼儿园制定的安全措施，因此就会造成家长与幼儿园之间的矛盾和冲突。教师若能有效地开展家长工作，协调家园关系，对幼儿园各项制度、措施的落实将起到事半功倍的作用。

 案例及分析

新制度，新挑战

为了保证幼儿的在园安全，幼儿园在加强门卫管理，增加门卫力量的同时，还特别制定了幼儿接送制度，制作、发放幼儿接送卡，要求家长严格遵守幼儿园的接送制度，每天需在规定的时间内持接送卡进入幼儿园接送幼儿，无特殊情况不要私自中途入园接走幼儿。

对幼儿园制定的接送制度，大部分家长都能遵守执行，但

少数幼儿家长认为幼儿园制定的接送制度过于死板、不够人性化，自己执行不了……此制度刚开始执行的第一天下午，就有部分幼儿家长没带幼儿接送卡，门卫师傅请其稍等，待大部分持卡的家长接走孩子后，再和孩子所在班级老师联系确认，然后让其入园，或在门卫处登记其孩子的姓名及家长姓名，或让老师把孩子送至大门口等，但家长不听门卫劝阻，更不愿等待，就要强行闯入幼儿园，边闯边说："天天来接孩子，你又不是不认识我，今天我偏要进去，你们幼儿园制定的什么'霸王条款'，我孩子上幼儿园，我想接就接，你就是一个看门的，有什么权力不让我进……"门卫再稍加阻拦，家长就会口出粗话，甚至和门卫发生肢体冲突……

保障幼儿的在园安全是每所幼儿园工作的重中之重。幼儿园都会制定各项安全管理制度或措施确保幼儿的在园安全。幼儿园制定的各项安全措施虽然都是为了孩子的安全着想，本无可非议，但有时会让少数家长觉得麻烦。

由于不同的家长有不同的文化背景和性格特征，从事不同的职业，对待事情的态度和处理方法也不同，在幼儿安全意识方面也是如此。对于接送制度的认识，很难达成一致。因此，有些家长认为幼儿园的做法和要求是合理的、正当的，是为了保证幼儿的安全，愿意与幼儿园配合，自觉执行新的接送制度。而有的幼儿家长只是站在自己的立场看待问题，认为幼儿园的做法和要求过于苛刻，在接送幼儿时不方便；再加上部分家长安全意识淡薄，导致对接送制度不太配合。有的家长不仅不能遵守，还会带着情绪，甚至出言不逊，对幼儿园的正常秩序和声誉都会造成不利影响。

 教育策略

一、多渠道沟通交流

首先，教师可以有效发挥家长委员会的参事议事和上传下达作用。

家长委员会成员是家长们心目中的代表，是家长们信赖的伙伴，有利于和其他家长的沟通。教师要充分调动家长委员会代表参与幼儿园各项事务的热情，请家长委员会代表参与幼儿园各项制度、措施的制定，了解幼儿园各项制度实施的必要性，取得家长委员会成员的认可和支持。通过家长之间的沟通交流，消除家长对幼儿园制定相关政策、措施的偏见，从而化解家园矛盾。

其次，幼儿园可以发放《幼儿园安全工作致家长一封信》，告知家长安全是教育的前提。让家园共同配合，做好孩子的安全教育工作，确保孩子在安全的环境中健康快乐地成长。

同时，教师要面对面、推心置腹地和家长进行交流，让家长感觉到园方和教师对他们的理解与尊重。通过交流让家长知晓幼儿园和家长的目标是一致的，所制定的制度都是为了孩子的安全考虑。

当然，教师在领会幼儿园制定的相关制度的同时，不仅要不折不扣地按要求执行，还要在执行过程中通过各种渠道告知家长，如可利用幼儿入园离园的时间与家长交谈，或通过班级博客、家园联系窗口等形式与家长沟通，以取得家长的理解和支持。当家长质疑幼儿园制定的相关制度、措施时，教师应该保持冷静的心态，换位思考，主动沟通，耐心地做好解释工作，坦诚地交流看法，获取家长对幼儿园工作的理解和支持。

二、贯穿始终抓落实

校园安全无小事，幼儿接送制度是校园安全的重要一环。安全管理重在落实，虽然幼儿园在贯彻接送制度时，采取了一系列措施，但是还要得到幼儿家长的理解和支持，使家长都能够自觉遵守。

因此，教师就要把安全制度始终贯穿在日常工作中，把宣传接送制度作为与家长日常沟通的重要内容，使家长能够理解遵守接送制度的必要性，充分发挥沟通和交流的桥梁作用。

特别是当制度执行一段时间后，家长的新鲜感没有了，忙碌中就会淡忘幼儿园的接送要求，不满和抱怨会随之而来，抵触情绪也会卷土重来，这时就更需要教师在日常的家园工作中适时提醒、督促，晓之以理、动之以情。只有教师持之以恒地坚持，才会获得家长自始至终的配合，才能将制度真正落到实处。

　　你所在的幼儿园的家长工作中，是否有类似制度落实受阻的事情发生？作为教师，你是如何协调处理的？

　　（安徽师范大学附属幼儿园　钱和平；安徽省合肥市栢景湾幼儿园潘文娟）

7. 遭遇"麻辣"家长怎么办

阅读指引

> 1. "麻辣"家长并非另类，他们是为了孩子好，只是他们的表达方式出现了问题。
>
> 2. 面对"麻辣"家长，我们也同样要给予他们尊重。
>
> 3. 不急于辩解、不推卸责任、诚恳地面对是与这些"麻辣"家长沟通的重要前提；从关爱孩子的角度出发、就事论事、不卑不亢是成功沟通的关键。

总会有个别家长很棘手，他们容易激动，爱钻牛角尖，说话不注意场合和方式，喜欢找茬。教师们冠以时尚称呼——"麻辣"家长。如何与"麻辣"家长有效沟通呢？教师除了要具备良好的心理素质，丰富的沟通经验和技巧也尤为重要。

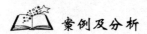 案例及分析

较真的爷爷

丁丁是个活泼的小男孩，刚从其他幼儿园转来。据说是因为丁丁回家告状说老师拧了他的小耳朵，结果丁丁的爷爷不依不饶地和幼儿园老师大吵，最后认为那所幼儿园不适合孩子，故转园来到这里。刚开学没几天，丁丁爷爷就非常恼火地来园质问老师："你们老师太没有责任心了，你看，我家丁丁才上几

天幼儿园，就被蚊子咬了一个大包。"老师赶紧问丁丁怎么回事，丁丁说脖子后面有点痒，老师仔细查看才看到一个红点。虽然老师不能确定孩子是在幼儿园被咬的，但还是非常客气地向丁丁的爷爷赔礼道歉，并表示会着手对教室进行清扫。即使这样，丁丁的爷爷还是很不放心，每天来接送丁丁的时候都会在教室转上一圈，认真查看班级的各个角落，还隔三差五地对老师提出要求。教师每次也都认真听取，合理的要求尽快满足，觉得不太可行的，都会向丁丁的爷爷解释清楚。两个月过去了，丁丁的爷爷对教师的态度也慢慢发生了转变。

厉害的妈妈

伟伟滑滑梯时，不小心擦破了手，教师带他去医务室进行了消毒处理，发现只是一小块皮外伤而已，并没有什么大问题，就没有电话告知家长，而是等家长来接孩子时才告诉他妈妈。

可是，伟伟的妈妈为此事大发雷霆，大吵大闹。她质问老师："是谁把他的手弄破了？你们老师干啥去了？怎么不管？……"说完，就直奔园长室理论，又是要教师道歉，又是要赔偿等等。教师和园长都没有机会插上话进行解释，周围来来往往的家长纷纷驻足观望。

发现伟伟妈妈的情绪稍微缓和了一点，老师轻声地提醒道："伟伟妈妈，请不要当着孩子的面这样大声，孩子会吓着的。"听了这话，伟伟妈妈看了看被自己拉着跑来跑去的孩子，发现孩子表现出了受惊吓的眼神，这才降低了嗓门。但是，她又向园长和老师提出，要找到和伟伟一起玩的几个孩子，问清楚情况后再决定怎么办。这时，老师看着伟伟，用赞扬的语气说："伟伟今天玩得很开心，也很勇敢是吧？伟伟每次在滑滑梯的时候都比其他小朋友快，老师提醒伟伟不要太快，可是伟伟太兴奋了，就不小心把手蹭破了。不过，伟伟真像一个小男子汉，一点没哭，还要继续玩，是老师抱下来才去的医务室，对吧？"伟伟听了，非常自豪地说："我是男子汉，我不怕疼，下次还要玩。"老师说："是的，下次可要当心啊，不能滑得太快了，很容易受伤的，你看都让妈妈担心了。"

听了孩子和老师的对话，伟伟妈妈的情绪有了些许转变，虽然嘴上还是说个不停，但明显不是那样激动了。教师也就顺势和伟伟妈妈进行了沟通，先是向她赔礼道歉，承认自己在工作中有疏忽，希望能得到谅解；然后征求伟伟妈妈对自己工作的意见，希望以后可以改进、提高。看到教师诚恳的态度，伟伟妈妈也表示自己对孩子的安全非常关注，希望教师在工作中千万注意。

案例中的家长可以说都是爱孩子心切，可能会令教师难以招架。两位老师都很有经验，值得学习和借鉴。

一、不推卸责任是教师与家长沟通的前提

丁丁脖子上的包和伟伟的手被蹭破，并不完全是教师的责任。面对家长的不满、指责和挑剔，两位教师处理时，都能首先从自身找原因，先向家长赔礼道歉，承认自己工作中存在不足，表明会改进。这种不推卸责任的态度，让家长感受到自己的意见得到了重视，受尊重的心理需要得到了满足，在与教师接下来的沟通中，对立情绪有所缓和，也才愿意听教师对事情的解释。

二、保持镇定，才能做到理性沟通

案例中的家长都是属于那种遇事爱激动的家长，这可能就是他们的性格特点。在家长对教师的工作提出质疑、指责时，两位教师做到了沉着冷静，并没有在家长的气头上进行解释、理论。

案例一中的教师因为不清楚事情的原委，所以先询问孩子情况并进行查看，了解事情之后再做出回应；案例二中的教师因为清楚事情的经过，面对家长的怒气，没有急于解释，而是让家长发泄以排解心中的不满。在家长的情绪有所缓和后，就从和伟伟交谈入手，借此向伟伟妈妈说清楚事情的来龙去脉，并借孩子的态度来影响家长。

在沟通中，两位教师的解释并不是据理力争，而是就事情本身进行沟通，并从爱护孩子的角度出发，稳定家长的情绪，使得双方都能较为理性地看待问题。

 **教育策略**

一、不卑不亢，从容应对

不得不承认，有些家长总喜欢借题发挥。面对这样的家长，教师甚至会有"秀才遇到兵，有理说不清"的感觉。有些教师会抱着"惹不起，躲得起"的心态，尽量避免与这类家长接触，殊不知，这反而加深了双方的误解，使得家长工作更加棘手。最好的方法就是"有理说理，不卑不亢"。不被家长的气势吓倒，在与家长沟通的过程中可以委婉一些，但要让家长感觉到你的话"软中带硬、软而有理"；不要对家长发火，与家长"硬碰硬"，这样无助于问题的解决，只会令事情越搞越僵。

二、诚恳道歉，换来理解

"道歉是解决问题的最佳方式。"在和无理取闹的家长沟通时，这一招是最有用的。发现家长对教师出现信任危机时，教师不能回避，不能认为自己问心无愧就任由家长生气、误解。一句简单的"很抱歉"，既能平息对方的怒火，又不失教师的尊严，可以回到事件本身，防止家长再借题发挥。

三、分清原因，区别对待

家长冲动、发脾气的原因各不相同。有些家长的性格比较急躁，遇事容易着急上火，这是他们的性格所致，并非完全针对教师。面对这样的家长，教师要先让他们发泄一下情绪，等家长的情绪平静下来后，再和家长解释、沟通。也有些家长本来就对教师的工作不满，遇事借题发挥。面对这些家长，教师既不能激动，也不能因此而胆怯，任由家长无理取闹，最好的应对措施就是不卑不亢，抓住机会，就事论事，让家长了解事情的来龙去脉，避免产生冲突；同时，要让家长感受到自己的这种态度对问题的解决起不了什么作用，反而会对孩子产生不良的影响，从而逐渐改变家长的不正确想法和做法。

延伸与讨论

你是如何看待"麻辣"家长的？你的班上有所谓的"麻辣"家长吗？他们对你的工作影响如何？你是如何处理与这些家长关系的？

（安徽省政府机关幼儿园　郭　凡；安徽师范大学附属幼儿园　陈海燕）

8. 家长的要求不合理怎么办

阅读指引

> 1. 家长提出要求后，你要细致了解，对症下药。
>
> 2. 不要抵触要求过多的家长，他们在关注自己孩子的同时，更关注你的行为。
>
> 3. 绝大多数家长是配合教师工作的，你的教育理念和方法决定了家长对你的支持率。

会有这样一些家长，今天这样要求，明天那样要求，如果不满足就表现出抵触的情绪，甚至不配合幼儿园工作，使得教育效果大打折扣。如何改变这些家长呢？

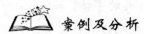 **案例及分析**

威威的幼儿园生活

小班开学前一天，威威的爸爸妈妈来到班上，告诉王老师威威有哮喘和鼻炎。鉴于孩子的特殊情况，老师按照家长的意愿将威威的床铺安排在远离空调的位置。

不到一个月，威威的妈妈又提出把他的床位调到下铺，方便孩子起床解小便。王老师知道威威午睡时起床上厕所的次数确实比别的孩子多，为了防止孩子因频繁起床而着凉，王老师和下铺的家长商量，将威威调到了下铺。

转眼间，深秋已渐渐来临。威威的妈妈再次找到王老师，希望能把威威调到上铺，理由是下铺寒气重，孩子容易生病。王老师向威威的妈妈解释因为及时的消毒和灭菌，而且班级也不是在一楼，上、下床铺对孩子的身体影响应该不大，可能是别的原因造成孩子感冒。威威的妈妈仍然坚持让老师给孩子换床。王老师犯难了：如果此时答应给他换床，要跟谁调呢？该以什么理由来劝说其他家长调床呢？不能因为总是眷顾一个孩子而忽略其他孩子。王老师希望威威妈妈能从其他孩子的角度考虑，这个床位暂时没法换。

因为这次王老师没有满足威威妈妈的要求，威威家长对老师的态度不如以前那样亲切了，对孩子的身体健康也显得格外关心。在后来的幼儿园生活中，王老师也特别关注威威的身体变化，经常主动和威威的父母沟通，从而打消他们在孩子床位上的顾虑。

一天区角游戏时，威威正在玩天平，旁边的小宝不小心碰了一下，天平掉了下来。威威很生气，把小宝推倒在地上，两个孩子打了起来。待一番沟通后，他们又和好如初了，王老师也就没有把这件事告诉家长。

第二天早上，爸爸来送威威，刚进教室就怒气冲冲地向小宝发火。王老师赶紧走过去准备向他解释前一天的事情，谁知威威爸爸根本不听，还说以后只要有人欺负威威就叫威威还手，要求老师不要让小宝和威威一起坐。为了平息威威爸爸的怒火，老师只好答应。

晚上威威妈妈来接孩子，王老师就这件事和她进行了沟通，并针对目前存在的问题，试着从孩子的年龄特点以及交往的需要入手，和威威妈妈做了进一步的分析："其实孩子在集体生活中是特别需要同伴交往的，而且良好的同伴关系会让孩子生活得更加快乐。当威威和小朋友发生矛盾时，他习惯于用暴力去解决问题，实际上是他没有掌握与小朋友交往和解决矛盾的正确方法。在幼儿园里，我们会经常教给孩子一些解决矛盾的方法，但在实际运用过程中，还需要家庭和幼儿园双方的配合，共同教给孩子正确的解决问题的方法，而不是动用武力，您觉得呢？"威威妈妈听后不住地点头。此后，王老师开始注重和威威爸爸沟通，试图帮助他树立正确的教育观念。

案例中的老师尽力满足家长的要求，但在原则问题上没有让步，并且不断对家长施加积极影响。面对家长的不当要求，教师应灵活处理。

一、理解家长的要求，但不是一味地满足

从以上案例中可以看出，由于孩子有哮喘等疾病，家长对孩子的健康非常关注，希望孩子在幼儿园能像在家里一样，受到特殊的待遇，为自己的孩子创造最好的条件。每个孩子都是独立的个体，他们或许都有这样那样的特殊因素，教师在没有全面了解孩子的情况下，一定要认真倾听家长的讲述，理解他们的心情，尊重他们的需求，为孩子提供适宜的条件。但对于家长频繁要求换床的问题，教师很好地把握了原则，并没有一味地迁就家长，也没有满足家长的不合理需求。

面对孩子身体的特殊情况和家长的要求，教师给予了一定的照顾，让家长感到教师对孩子的身体也是同样关心和爱护。但是，当家长过多的甚至不合理的要求牵涉到其他孩子的利益时，教师就要坚持原则，不随意满足。不能满足家长要求时，教师要告知原因，引导家长站在其他孩子的角度思考问题，这也反映了教师对所有孩子是公平的。

二、冷静面对，避免与家长冲突

威威妈妈频繁的换床要求，以及当威威与其他孩子发生矛盾时爸爸的护短行为，让老师看出了家长对孩子的溺爱。教师在处理问题时并没有将矛盾指向家长，避免了一场口舌之争。教师能冷静思考，利用下午和威威妈妈进行交谈的机会，了解家长的教育方式，向家长传递正确的教育观念，这既是教师的责任，也是应尽的义务。案例中的教师宽容地面对家长的要求，冷静、灵活地处理问题，这种宽广的胸怀和高度的责

任心一定能慢慢感化家长。

 **教育策略**

一、透过行为，分析家长的教育理念

就现在家长情况来看，祖护孩子、对教师提出不合理要求的原因有很多。一部分是因为现在家庭大多是独生子女，家长对孩子的期望值高，会通过各种途径来学习育儿经验，形成自己的教育观念和方法。孩子入园后，家长也希望老师能按照他们的方法来实施教育。还有一部分家长对孩子是毫无原则地溺爱，特别是祖孙共同生活的家庭，无论孩子在幼儿园遇到什么事情，他们都会想尽办法来替孩子解决。另外，一些离异家庭的家长、夫妻两地分居或丧偶的家长，他们往往会认为愧对孩子，只是一味地满足、祖护孩子，一切以自己的孩子为中心……

要让家长真正配合教师的工作，教师要透过家长的外在行为，了解家长的教育理念。当家长的教养方式出现误区时，教师应主动与家长交流，试着让家长换位思考，引导家长走出误区，在思想上与家长达成共识。

二、以理服人，赢得家长的信服

要想让家长配合教师的工作，关键在于赢得家长的信服。作为一名教师，面对要求过多、格外挑剔的家长时，你不能简单地就事论事，而要用科学的教育理念帮助家长分析孩子在成长中出现的问题，让家长认识到教师的出发点是为了孩子的健康成长，让家长真正感受到在家园共育中孩子各方面取得了进步。

要让家长信服，不是一朝一夕就可以促成的。教师应该与家长推心置腹地交流沟通，多向家长介绍孩子的良好表现。在与家长的接触中，教师要注意沟通的方式方法，讲究交流的技巧，避免产生对立情绪，切忌用"告状"的方式与家长交流。教师还可以通过家长开放日、庆"六一"、迎新年、亲子运动会等家园活动，让家长参与进来，在共同活动中，让家长了解幼儿园的办园理念，感受教师的教育魅力，从而影响他们的教育行为。

1. 你遇到过向你不停提要求的家长吗？你是怎么处理的？
2. 面对不合理的要求你是如何解决的？请和大家分享你的家园工作故事。

（中国科技大学附属幼儿园　王小婵；安徽师范大学附属幼儿园　徐晓蓉）